水泥稳定再生碎石基层路用性能

谢祥兵　梁林园　潘春风　姚贝贝　编著

化学工业出版社
·北京·

内容简介

《水泥稳定再生碎石基层路用性能》聚焦建筑固废在道路工程中的高值化利用，系统介绍相关理论与应用研究。第1章概述工程背景、研究现状，明确建筑固废再生利用的科学问题、意义、内容及应用前景，为全书奠定基础。第2章介绍再生复合微粉（RPBCF）水泥胶砂力学性能与机理，通过分析其基本性质、配比设计，结合微观形貌与水化产物观测，评价活性并建立强度预测模型。第3章对混合型再生粗集料路用性质进行评价，借助灰熵分析探究性能与强度关联性，提出基于交通荷载等级的分级方法及适用范围。第4章通过正交试验设计，分析RPBCF协同水泥稳定再生碎石的击实、力学特性，揭示其技术性能机理。第5章开展该材料基层结构设计，评价路用性能，确定控制标准。第6章给出结论，为建筑固废道路应用提供理论与技术支撑。

本书面向道路工程、建筑材料领域研究人员，高校土木工程专业师生，以及市政工程设计与施工技术人员。

图书在版编目（CIP）数据

水泥稳定再生碎石基层路用性能 / 谢祥兵等编著. 北京：化学工业出版社，2025. 10. -- ISBN 978-7-122-49354-5

Ⅰ. U416.214

中国国家版本馆CIP数据核字第2025XK9924号

责任编辑：刘丽菲　　文字编辑：罗　锦
责任校对：张茜越　　装帧设计：张　辉

出版发行：化学工业出版社
（北京市东城区青年湖南街13号　邮政编码100011）
印　装：北京科印技术咨询服务有限公司数码印刷分部
710mm×1000mm　1/16　印张7¾　字数118千字
2026年4月北京第1版第1次印刷

购书咨询：010-64518888　　售后服务：010-64518899
网　址：http://www.cip.com.cn
凡购买本书，如有缺损质量问题，本社销售中心负责调换。

定　价：78.00元

前言

2014年以来，我国每年产生的建筑垃圾总量为15.5亿～30亿吨，“建筑垃圾资源化”已成为建筑垃圾最环保、有效的处理方式。水泥稳定碎石基层以其原材料来源广泛、价格低廉，结构层板体性好、承载力大等优点，在我国得到广泛应用。在水泥稳定碎石基层中用再生复合微粉及砖混建筑垃圾替代部分胶凝材料和天然碎石，既有效利用了建筑废弃物，又符合国家绿色发展战略要求。

总结国内外研究现状和发展动态，建筑固废资源化利用主要集中在材料层面和结构层面。因此，本书以再生浆体材料为出发点，以再生砖粉、再生混凝土粉为研究对象，对建筑固废复合微粉胶凝材料性能提升及建筑固废复合微粉-粉煤灰（recycled powder from brick, concrete and fly ash，RPBCF）耦合对水化反应（火山灰反应）的影响进行了研究，在此基础上以水泥粉煤灰稳定碎石骨架密实型结构为研究对象，着重分析再生复合微粉、混合型再生粗集料（废弃混凝土块、废砖块）对水泥稳定再生碎石混合料路用性能的影响，并结合河南省省道S312郑州境改建工程（郑汴交界至G107东移段）交通量及交通组成，运用BISAR3.0进行了建筑固废复合微粉协同水泥粉煤灰稳定再生碎石基层顶应力、底应力、基层层底应变的演化分析，最后通过HPDS（2017版）推荐了建筑固废复合微粉协同水泥粉煤灰稳定再生碎石基层沥青路面的典型结构，提出了建筑固废复合微粉协同水泥粉煤灰稳定再生碎石混合料配合比设计的控制指标和标准，推荐了建筑固废复合微粉协同水泥粉煤灰稳定全再生碎石基层的干缩性能评价指标。

本书从再生复合微粉水泥浆体角度出发开展再生复合微粉协同水泥稳定全再生碎石混合料路用性能研究，试验所用建筑固废原材料均来自郑州航空工业管理学院建造于20世纪50年代的实训工厂拆迁时所产生的废砖块、废混凝土块，并通过室内相关破碎设备制备成再生粗集料、再生细集料及再生粉体材料，水泥稳定碎石级配及水泥剂量以河南省省道S312郑州境改建工程为基准，通过比较分析确定出建筑固废粉体材料、建筑固废再生集料在道路公路工程的应用范围，为建筑固废再生路面基层设计提供参考，为建筑固废资源化、多样化利用提供更多的途径。

本书是编者课题组科研过程的再现，得到河南省自然科学基金面上项目（242300421257）、河南省重点研发专项项目（241111240400）的资助。硕士研究生李程、韩欣宇参与了本书的资料搜集、整理等工作。

编著者

目录

第 1 章

研究概述

1.1 工程背景及对应的科学问题

随着社会的快速发展和城镇化建设的推进，我国建筑固废排放量剧增。据统计，河南省 2018 年建筑固废排放量 7300 万吨以上，而 2019 年建筑固废资源化处置能力为 6500 万吨，省辖市、济源示范区资源化利用 1153 万吨，建筑固废资源化利用率偏低[1]。而 2006—2020 年，我国建筑固废总量增长 6 倍（见图 1-1），未来仍将保持在较高水平，且在建筑垃圾中砖和混凝土等组分含量占 60%以上（见图 1-2）。因此，充分利用“绿色”“资源化”等现代新技术将建筑垃圾中废弃混凝土和砖等组分制备成再生原料和再生制品具有重要的科学意义。

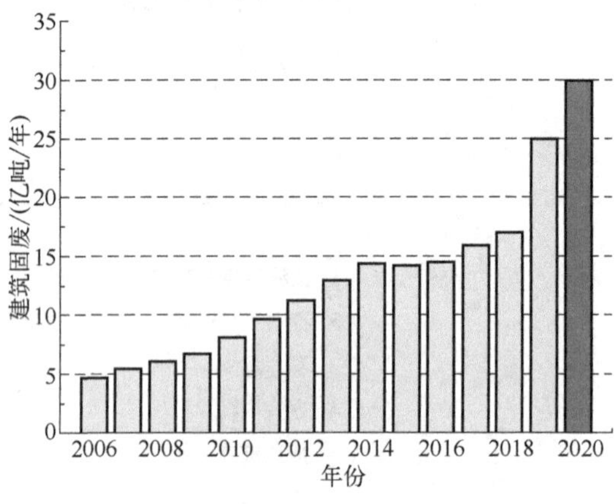

图 1-1　2006—2020 年建筑固废总量

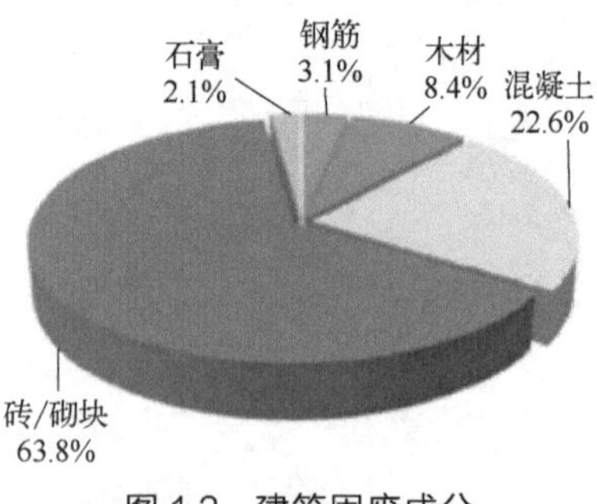

图 1-2　建筑固废成分

目前，建筑垃圾资源化利用已在河南郑州鼎盛工程技术有限公司、许昌金科资源再生股份有限公司成功试验，上述公司在建筑垃圾破碎设备、分选智能化、再生集料、再生产品生产利用上积累了丰富的经验，为河南省建筑垃圾资源化利用提供了很多途径。

近年来众多学者在建筑垃圾再生利用理论和实践方面做了大量研究，取得了众多有益成果，主要包括：①建筑垃圾高效分类筛选设备研发，尤其是建筑垃圾智能分选；②再生材料性能提升及行为研究，尤其是高性能再生混凝土材料制备；③再生混凝土在建筑工程、交通工程中应用的关键技术。然而，作为其重要理论基础的建筑固废复合粉体材料协同水泥粉煤灰水化反应机理的研究仍较为薄弱，建筑固废复合微粉协同水泥粉煤灰稳定再生碎石混合料力学机制尚不明确，建筑固废复合微粉协同水泥粉煤灰稳定再生碎石混合料干缩性能特征尚未研究，基于建筑固废复合微粉协同水泥粉煤灰稳定再生碎石基层的沥青路面力学行为及路面结构类型尚未确立。因此，建筑固废复合微粉协同水泥粉煤灰稳定再生碎石混合料路用性能研究自然摆在道路工程和固体力学工作者面前。

1.2 研究现状评述及开展的科学问题

建筑固废资源化利用是国家实现建筑垃圾资源化利用的重要途径[2]。本节从建筑固废微粉性能评价、建筑固废再生集料对水泥稳定粒料路用性能的影响及水泥稳定再生碎石组成设计方面，分析当前国内外该领域研究现状，并提出开展的科学问题。

1.2.1 建筑固废微粉性能评价

建筑垃圾中的废弃混凝土粉、废弃砖粉属于火山灰质胶凝材料[3-4]，可以替代水泥基材料，被广泛应用于道路工程的路基路面中。如周长顺[5]、田青[6] 等对混凝土再生微粉的特性、激发方式、工作性能进行了系统研究，确定出再生微粉可代替部分水泥，是非常具有潜在应用价值的固废材料；Xiao[7] 等认为再生微粉替代部分水泥后，将促进水泥水化反应，通过物理化学性能试验推荐再生微粉替代水泥的最佳比例为15％～30％；吕雪源[8] 研究了再生微粉掺量对胶砂抗压强度的影响，推荐微粉掺量小于 30％时，其活性与Ⅱ级粉煤灰基本相同，经过 600℃热处理后的再生微粉，活性提高最为显著；严金海[9]、刘因[10] 确定了生石灰（10％）或石膏（1％）作为激发剂时，可以有效提高再生微粉活性；刘栋[11] 等对建筑垃圾再生微粉的性能进行了表征，综述了常用微粉活性激发剂；王程[12]、胡魁[13] 分别探讨了建筑垃圾砖粉、再生混凝土微粉在公路半刚性基层中的应用，再生砖粉及混凝土微粉均可有效提高水泥粉煤灰稳定碎石基层的抗弯拉性能；刘超[14]、赵磊[15] 等研究了再生复合微粉对混凝土力学性能及微观结构的影响，研究结果表明再生复合微粉取代水泥剂量在 20％以下时，早期强度下降不显著，且水化初期复合微粉主要起填充作用。

1.2.2 建筑固废再生集料对水泥稳定粒料路用性能的影响

再生集料主要包括再生粗集料和再生细集料，众多学者对混凝土再生粗集料进行了大量研究，比如再生集料评价指标及标准；而对于由废弃砖块和废弃混凝土块组成的混合型再生粗集料研究较少，如元成方[16]、张明明[17] 等研究了再生砖集料含量对混合型再生集料物理性能的影响。

美国在砖混建筑垃圾再生利用方面走在了世界前列，其经验是将再生集料最大粒径控制在 19mm，再生集料替代量处于 50％～60％范围内，同时美国利用现场再生与集料厂再生技术对废弃水泥混凝土路面材料进行再生利用，并广泛应用于各等级公路工程中；荷兰代尔夫特理工大学在无机结合稳定材料基层中掺加再生集料，进行了大量三轴试验研究其性质与集料级配、混合料配合比等因素的关系，试验结果表明影响再生基层黏结力、抵抗永久变形能力及模量值的主要因素有细集料含量、集料级配、混合料组成、养护时间及压实度等，其中压实度因素的影响最显著，混合料组成次之，集料颗粒级配因素影响最小；肖杰[18]等通过 SEM 研究了再生砖、旧混凝土集料表面特征，与天然集料相比，再生集料表面微孔隙多且内部含孔隙或微裂隙，其密度小、吸水率大、压碎值大等，通过力学强度试验和路用性能试验证明砖与混凝土再生集料用作半刚性基层材料是可行的；刘超[19] 等运用再生砖集料制备次轻混凝土，力学性能试验表明砖集料强度是其主要影响因素；吴旷怀[20]等的研究结果表明再生粗细集料能够用于高速公路（底）基层，且再生细集料的比例越高，水泥稳定碎石最佳含水量越大；邹桂莲[21]、谭洪河[22] 分别针对水泥稳定再生集料基层的路用性能、设计方法进行了研究，提出再生集料在水泥稳定再生基层中的最佳掺量；徐世法[23] 等研究二灰旧料掺量对水泥稳定基层疲劳性能的影响，结果表明对于再生半刚性基层，最多能掺配 50％的二灰旧料。

1.2.3 水泥稳定再生碎石组成设计

建筑固废再生技术已成为国际一大热点。在建筑垃圾废弃混凝土和废砖具备工程相关材料特性时，有关设计方法是制约其资源化技术应用的关键环节。土木工程材料作为结构设计使用时，必须满足结构工程中某些特殊的性能要求，建筑固废应用到道路工程基层中时必须满足耐久性能要求、路用性能要求等。

再生集料由于表面粗糙，吸水率较高，因此水泥稳定再生碎石组成设计与水泥稳定天然集料不同。如曾梦澜[24] 等研究了含建筑垃圾水泥稳定碎石路面基层材料的使用性能，结果表明再生集料的掺加可以提高材料的回弹模量，而降低抗冲刷能力，增大温缩系数；陈强[25] 对水泥稳定再生碎石混合料的设计参数与路用性能进行研究，提出了基于多设计参数多路用性能指标体系的水泥稳定再生碎石基层耐久性设计方法；蒋应军[26] 等探讨了水泥粉煤灰浆体、水泥粉煤灰细集料浆体与水泥粉煤灰稳定碎石力学特性的关系，构建了基于浆体的水泥粉煤灰稳定碎石力学性能预估方程，推荐了基于浆体的水泥粉煤灰稳定碎石基层配合比设计方法；张力[27] 对含有砖粉碎料的水泥稳定再生集料力学性能进行了研究，建立了无侧限抗压强度、劈裂强度和抗压回弹模量与水泥含量和砖粉碎料掺量的计算公式，为再生集料应用于道路基层提供了一定依据；张铁志[28] 基于架构理论引入超细粉填充模型（DSP），建立了以试配为主的水泥稳定材料设计方法，以 DSP 填充水泥稳定建筑废砖为例，验证了架构理论设计方法和力学预测模型的正确性；田源[29] 等采用整体掺配和分档掺配的级配设计方法，结合击实试验和路用性能试验研究了 13 组不同铣刨料掺量和掺配方式的级配方案，结果表明进行水泥稳定再生碎石级配设计时，应尽量减少细集料的含量，保证混合料中粗集料能够形成骨架，在保证路用性能的情况下，采用分档掺配方式提高固废利用量；马在宏[30] 等的研究结果表明，再生碎石表面存在大量的水泥水化产物，影响水泥稳定再生碎石混合料的用水量、无侧限抗压强度及抗裂性，建议采用振动磨耗试验确定水泥稳定再生碎石混合料的级配；李丽慧[31] 等推荐以实际无侧限抗压强度为准进行水泥稳定再生碎石最佳含水量的确定，建议在沥青路面基层中使用 PO42.5 水泥稳定含砖再生集料。

1.2.4 开展的科学问题

综上所述，国内外对水泥稳定再生碎石基层进行了大量的研究，取得了许多重要成果。但是，基于浆体材料角度开展建筑固废复合微粉协同水泥粉煤灰稳定再生碎石基层的研究还明显存在不足，而对再生复合微粉-水泥强度形成机理的相关研究比较匮乏，因此研究再生复合微粉协同水泥粉煤灰稳定再生碎石基层路用性能问题具有重要价值，基于此，本书解决的科学问题如下：

① 建筑固废复合微粉协同水泥稳定砂浆力学强度形成机制；

② 混合型再生粗集料路用技术性质演化特征及分类标准；

③ 建筑固废复合微粉协同水泥稳定再生碎石力学性能评价；

④ 建筑固废复合微粉协同水泥稳定全再生碎石基层结构设计。

1.3 科学意义

建筑固废复合微粉与水泥水化产物反应机理及火山灰效应评价是研究建筑固废复合微粉替代无机胶凝材料的关键，研究建筑固废复合微粉、再生混合型集料路用技术性质，揭示再生类材料活性机理对于研究建筑固废复合微粉协同水泥稳定再生碎石基层路用性能具有重要价值。

要想研究建筑固废复合微粉协同水泥稳定再生碎石混合料强度和性能问题，就要摸清再生复合材料性能提升的规律。建筑固废复合微粉协同水泥水化反应机制、力学强度演化规律、路用性能是一个相辅相成、相互影响的过程。对建筑垃圾中废砖和废弃混凝土进行资源化利用，不仅可有效减少建筑垃圾带来的污染问题，还能减少用于建材生产的天然原材料，降低资源消耗，符合“创新、协调、绿色、开放、共享”的新发展理念，对建筑垃圾资源利用的发展具有巨大的推动作用，具有重要的科学价值。

1.4 研究内容

本书以水泥粉煤灰稳定碎石基层为主要研究对象，开展基于建筑固废复合微粉的水泥稳定再生碎石基层材料性能研究，基本学术思想是：分析再生复合微粉砂浆性能变化规律，揭示建筑固废复合微粉水泥砂浆材料性能形成机理，评价建筑固废复合微粉对砂浆基本性能指标的影响，提出建筑固废复合微粉在砂浆中的合理掺配比例；评价再生混合型粗集料路用技术性质，构建基于路面基层粒料材料性能的建筑固废分类标准，推荐混合型再生粗集料在道路工程中的适用范围；探究建筑固废复合微粉协同水泥稳定再生碎石技术性能演化规律，推荐建筑固废复合微粉协同水泥稳定再生碎石基层设计控制指标，提出建筑固废复合微粉水泥稳定全再生碎石混合料设计标准。

1.5 应用前景

交通土建工程体量庞大，就地处理建筑固废中的混凝土和砖是实现建筑垃圾资源化的重要手段。其中，建筑固废中的混凝土和砖可以应用于交通土建路基、路面工程，如在水泥稳定碎石混合料中掺加部分再生复合微粉可以充分发挥较好的填充效应和提高反应活性，降低氢氧化钙有效特征峰强度，促进水泥水化，改善集料-浆体界面过渡区的“薄弱骨架”，提高水泥稳定再生碎石基层路用性能。根据已有研究成果，按照以每层设计厚度为 20cm 的二级公路为例，水泥稳定类材料每公里可消纳建筑垃圾中废弃混凝土和砖的含量为 1900m^3。因此，开展建筑固废复合微粉协同水泥粉煤灰稳定再生碎石基层研究具有重要实际工程意义。

第2章

再生复合微粉（RPBCF）水泥砂浆力学性能及机理

2.1 建筑固废微粉基本性质及再生复合微粉（RPBCF）配比

2.1.1 建筑固废微粉制备、化学组成

废弃砖和废弃混凝土块均来自郑州航空工业管理学院建造于 20 世纪 50 年代的实训工厂在拆除时产生的建筑固废，经人工分拣、筛选后，通过颚式破碎机破碎成粗、细集料，在实验室通过电磁式制样粉碎机，把细集料制备成再生砖粉、再生混凝土粉，上述制备过程见图 2-1。再生砖粉、再生混凝土粉的粒度分布、化学组成及含量、XRD 图谱分别见图 2-2、表 2-1、图 2-3。其中化学组成利用 X 射线荧光光谱仪（XRF）

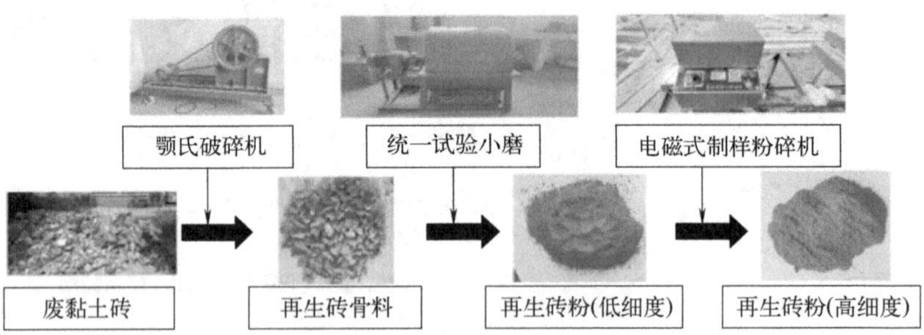

图 2-1 再生集料及固废微粉制备

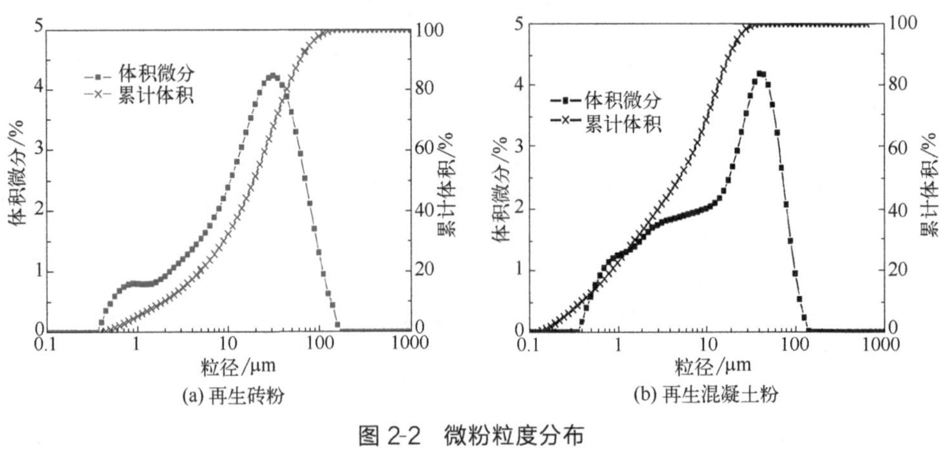

图 2-2 微粉粒度分布

测试，矿物组成采用 XRD 测试，与 XRD 图谱相对应矿物定量结果分析见表 2-2。

表 2-1 再生微粉的化学组成及含量

材料类型	化学组成及含量（质量分数）/%							
	CaO	SiO_2	MgO	Al_2O_3	Fe_2O_3	K_2O	Na_2O	SO_3
再生砖粉	2.11	68.92	1.98	14.44	5.58	3.14	2.40	0.081
再生混凝土粉	57.74	23.36	5.67	6.07	3.11	1.38	0.489	1.29

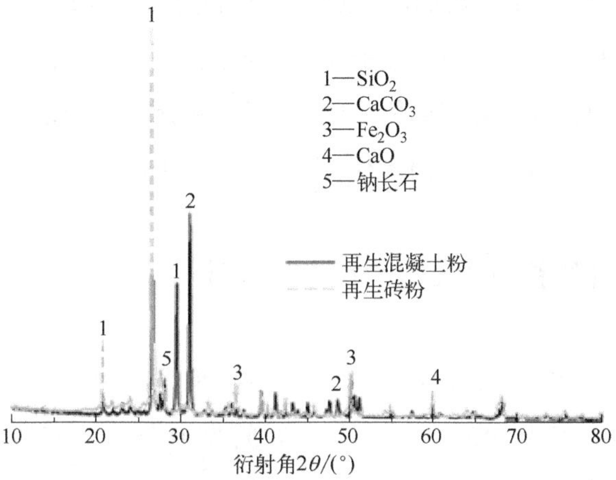

图 2-3 微粉 XRD 图谱

表 2-2 与微粉 XRD 图谱相对应的矿物组分定量分析

材料	矿物相含量（质量分数）/%				
	Fe_2O_3	SiO_2	$CaCO_3$	CaO	$NaAlSi_3O_8$（钠长石）
再生混凝土粉	2.3	28.8	66.2	1.4	1.3
再生砖粉	4.1	63.7	—	0.3	31.9

由图 2-2 可知，再生砖粉中位粒径、表面积平均粒径、体积平均粒径分别为 19.053μm、5.086μm、26.712μm，再生混凝土粉中位粒径、表面积平均粒径、体积平均粒径分别为 15.844μm、3.90μm、23.828μm，可知再生砖粉颗粒粒度分布优于再生混凝土粉，再生砖粉

粒度分布范围大于再生混凝土粉，水泥的平均粒径为 18μm[14]，再生砖粉与再生混凝土粉平均粒径介于水泥之间，另外由负压筛法测得再生砖粉、再生混凝土粉细度低于水泥；室内试验制备再生砖粉和再生混凝土粉 10μm 以下颗粒含量分别达 32.52%、41.49%，45μm 以下颗粒含量分别达 80.30%、81.15%，符合《用于水泥和混凝土中的粉煤灰》(GB/T 1596—2017) 规定Ⅱ级粉煤灰粒度要求。由表 2-1、表 2-2 和图 2-3 可知，再生砖粉、再生混凝土粉均具有一定活性，其中再生砖粉中活性成分 SiO_2 特征峰、再生混凝土粉 $CaCO_3$ 衍射峰强度均较高，且再生砖粉和再生混凝土粉中含有少量 CaO，该成分可与水发生反应生成碱激发剂，而再生混凝土粉中 $CaCO_3$ 可与水泥水化产物生成碳铝酸盐，从而有利于细化水泥浆体中孔隙结构。因此，再生微粉具有一定活性，可以替代部分胶凝材料。另外再生混凝土粉中存在少量钠长石，这有可能是部分细集料石屑混入导致的，而砖粉中含有大量钠长石，钠长石是黏土砖的主要成分之一。

2.1.2 再生复合微粉 (RPBCF) 配合比设计

水泥采用洛阳黄河同力水泥有限公司生产的 42.5 级普通硅酸盐水泥，比表面积为 345m^2/kg，初凝时间为 186min，终凝时间为 255min，3d 抗折强度 5.8MPa，抗压强度 29MPa，满足道路基层技术标准。砂采用 ISO 标准砂。以郑州市轨道交通 4 号线车站周边道路恢复工程中水泥粉煤灰稳定碎石基层中水泥、粉煤灰掺量为基准，即水泥：粉煤灰＝3.5%：12%（质量比）。采用再生砖粉、再生混凝土粉等量替代部分胶凝材料进行砂浆力学强度试验。结合肖建庄 (Xiao)[7,32]、吕雪源[8]、刘超[14]、欧阳小伟 (Ouyang)[33] 等的研究成果，本书建筑固废复合微粉替代水泥粉煤灰砂浆中水泥的最大替代量为 25%，且重点考虑了再生砖粉、再生混凝土粉在水泥粉煤灰砂浆中的比例，具体试验方案见表 2-3。砂浆水灰比为 0.5，胶凝材料与砂质量比为 1：3。

根据上述试验方案，测试再生复合微粉水泥砂浆试件 3d、7d、28d 抗压、抗折强度，并分析再生砖粉、再生混凝土粉、粉煤灰在水泥砂浆中单掺、两掺、三掺时力学性能演化规律。

表 2-3　再生复合微粉（RPBCF）材料配合比设计

编号	取代率/%	水泥/kg	复合微粉 B：C/kg						粉煤灰/kg
			5：0	4：1		3：2		0：5	
JZ	0	101.6	—	—	—	—	—	—	348.4
JZ5BxCy	5%	96.53	5.08	4.06	1.02	3.05	2.06	5.08	348.4
JZ15BxCy	15%	86.37	15.24	12.19	3.04	9.14	6.08	15.24	348.4
JZ25BxCy	25%	76.20	25.40	20.32	5.08	15.24	10.16	25.40	348.4
JZF5	5%	101.6	—	—	—	10.4	7	—	331.0
JZF15	15%	101.6	—	—	—	31	21	—	296.1
JZF35	35%	101.6	—	—	—	73.2	48.8	—	226.5
JZF100	100%	101.6	—	—	—	209	139	—	0

注：JZ25BxCy 表示再生废复合微粉替代水泥量 25%，B 代表再生砖粉，C 代表再生混凝土粉，*x* 表示再生砖粉质量比例，*y* 表示再生混凝土粉质量比例；JZF5 表示再生复合微粉替代粉煤灰量 5%。

2.1.3　再生复合微粉（RPBCF）力学性能评价

砂浆试件成型按照《水泥标准稠度用水量、凝结时间、安定性检验方法》（GB/T 1346—2011）标准进行，将胶凝材料放入搅拌机中，加水慢速搅拌 60s 后快速搅拌 60s，将搅拌好的砂浆注入（40×40×160）mm^3 模具中，振实成型并用保鲜膜包裹住带模静置 24h，随后拆模放入标准养护室［(20+2)℃，相对湿度（RH）≥95%］分别养护至 3d、7d、28d 龄期，利用抗压抗折一体机进行强度试验。

（1）再生砖粉、再生混凝土粉单掺对砂浆力学性能影响

再生砖粉、再生混凝土粉单掺对水泥粉煤灰砂浆强度影响的试验结果见图 2-4。

由图 2-4 可知，与基准砂浆试件力学性能相比，单掺再生砖粉、再生混凝土粉砂浆强度有所降低，且单掺再生砖粉砂浆强度降低幅度小于单掺再生混凝土粉，说明再生砖粉活性大于再生混凝土粉；与基准试样相比，随着再生微粉含量的提高，力学性能表现为先升高后降低，在再生微粉掺量为 15%时，砂浆 3d 力学强度稍有提升，抗压强度变化最为

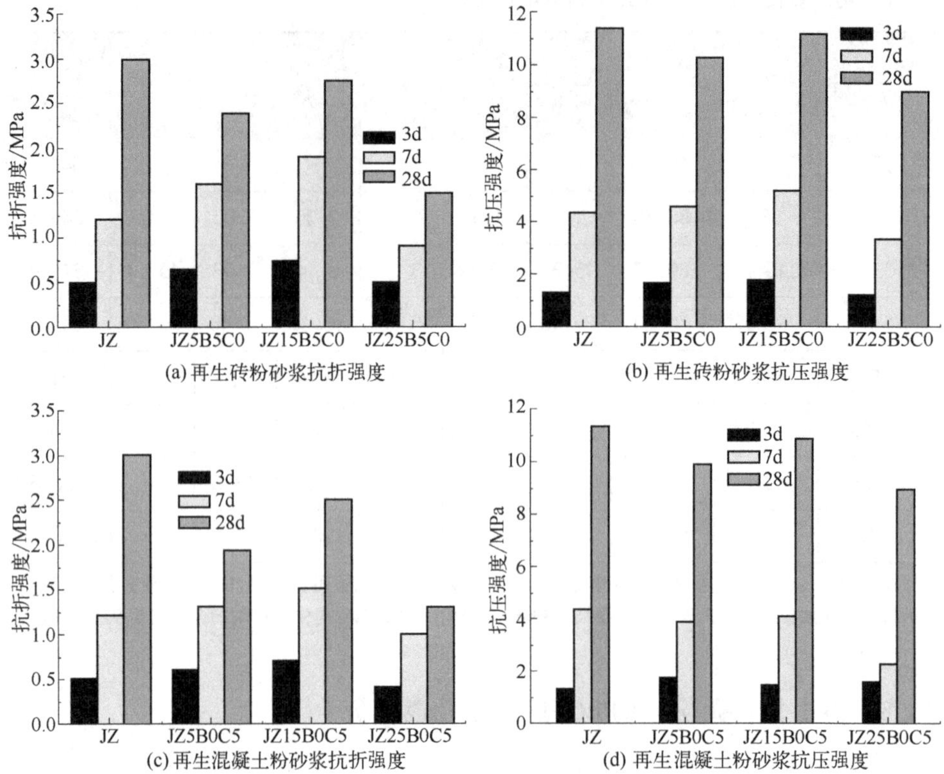

图 2-4 再生砖粉、再生混凝土粉单掺时水泥粉煤灰砂浆强度试验

显著，其中再生砖粉、再生混凝土粉分别提升 35.38%、22.30%，而砂浆 28d 力学强度降低显著，且抗折强度变化最为显著，其中再生砖粉、再生混凝粉分别降低 16.67%、20.0%，主要原因是再生微粉替代量较小时，可有效提高砂浆内部水灰比、促进水泥水化，同时再生粉体材料可发挥填充效应，从而提高砂浆密实度，且再生砖粉的增强效应大于再生混凝土粉，上述两方面的共同作用弥补了部分水泥含量减少而造成的强度大幅降低。

(2) 再生砖粉、再生混凝土粉两掺对砂浆力学性能的影响

再生砖粉 (B)、再生混凝土粉 (C) 按照比例 4∶1、3∶2 两掺对水泥粉煤灰砂浆强度影响的试验结果见图 2-5。

由图 2-5 可知，与基准试件相比，再生砖粉、再生混凝土粉按照 3∶2 混合形成砂浆试件强度大于 4∶1 混合形成试件强度，这说明在此比例下再生混凝土粉对再生砖粉活性的激发效果最优；与再生砖粉、再

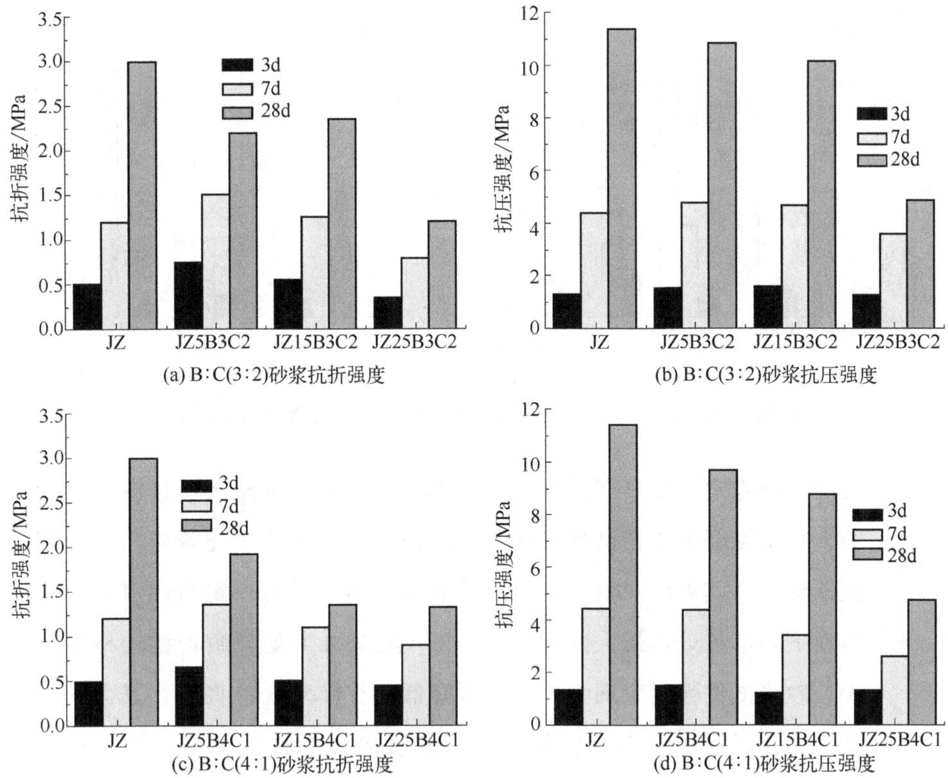

(a) B∶C(3∶2)砂浆抗折强度 (b) B∶C(3∶2)砂浆抗压强度

(c) B∶C(4∶1)砂浆抗折强度 (d) B∶C(4∶1)砂浆抗压强度

图 2-5　再生砖粉、再生混凝土粉两掺时水泥粉煤灰砂浆强度试验

生混凝土粉掺配比例 4∶1 时相比，两者掺配比例 3∶2 且掺量在 15%时，砂浆 28d 强度降低幅度不超过 10%，而早期强度有所上升，尤其是 3d 强度上升幅度最为显著，最大值为 21.54%；与图 2-4 相比较可知，再生砖粉、再生混凝土粉混合掺入时，其砂浆强度大于单掺强度，说明再生砖粉、再生混凝土粉复掺时有助于两者活性发挥，原因是再生砖粉、再生混凝土粉具有较高早期活性，两者按照 3∶2 复合时，一方面可有效提高单掺再生砖粉试件的早期强度，实现早期强度协同提升，另一方面再生混凝土粉粒径小于再生砖粉，使得再生混凝土材料可有效填充于水泥与再生砖粉之间，提高胶凝材料密实度，使砂浆试件的强度有所提高。

(3) 再生砖粉、再生混凝土粉、粉煤灰三掺对砂浆力学性能的影响

再生砖粉、再生混凝土粉、粉煤灰三掺对水泥强度影响的试验结果见图 2-6。

由图 2-6 可知，与基准试件相比，再生砖粉-再生混凝土粉-粉煤灰

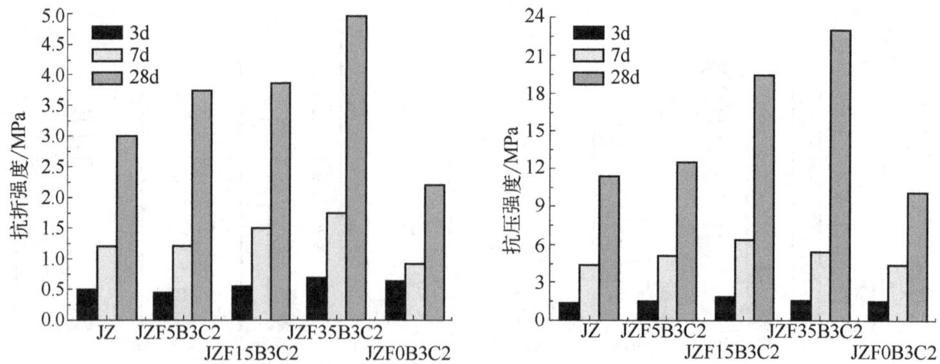

(a) B∶C(3∶2)替代粉煤灰后砂浆抗折强度　(b) B∶C(3∶2)替代粉煤灰后砂浆抗压强度

图 2-6　再生砖粉-再生混凝土粉-粉煤灰三掺时砂浆试件强度试验

协同水泥稳定砂浆早期强度较高，而 7d、28d 强度略低，这说明再生砖粉、再生混凝土粉在试件早期强度形成中主要发挥填充效应，随着龄期逐渐延长，其火山灰效应稍低于粉煤灰，由于具有一定活性成分，后期强度下降不显著，最大降幅 10.44%；随着再生复合微粉替代率逐渐增大，砂浆试件强度表现为先升高后降低，替代率达 35%时，其力学强度最优，这说明不同细度粉体材料间存在最佳的比例关系，使得再生砖粉、再生混凝土粉、粉煤灰三种材料间叠加效应、填充效应、火山灰效应达到最佳，这主要是由于不同材料在微观组成及结构上不同，以不同比例复合时，其堆积密度、水化机制有所不同，在宏观上表现为力学强度规律及水化反应产物的复杂性。

综上可知，再生砖粉、再生混凝土粉、粉煤灰三者复合时，可使再生复合微粉激发效果最优，再生混凝土粉-粉煤灰次之，再生砖粉-粉煤灰最差。另外，各粉体材料间比例对于砂浆强度也有一定的影响，当再生砖粉、再生混凝土粉、粉煤灰三者按照 21∶14∶65 复合时，砂浆力学强度最高。

2.1.4　再生复合微粉（RPBCF）最佳配比的确定

由上节砂浆强度试验结果可知，通过合理配置再生砖粉、再生混凝土粉、粉煤灰的比例，使粉体材料颗粒级配、活性成分形成优势互补，可以获得活性较高的复合粉体材料。确定复合粉体材料最佳比例的原则是在保证材料活性充分发挥的条件下，最大限度提高再生砖粉掺量。

试验分析结果表明，再生砖粉∶再生混凝土粉比例为 3∶2 且替代粉煤灰掺量为 35%时砂浆试件具有较高的力学性能，此时，再生砖粉掺量最高，但其砂浆试件强度仍低于纯水泥试件。为进一步改善复合粉体性能，很多学者分别采取物理、化学等多种激发方式对其材料的活性进行激发，综合比较激发效果，化学激发最为显著。因此结合已有研究成果[6,34-35]，本书选用两种激发剂 A1（Na_2SO_4）和 A2（NaOH）以同样 3%的掺量掺入 JZF35B3C2 中，砂浆强度试验结果见图 2-7。

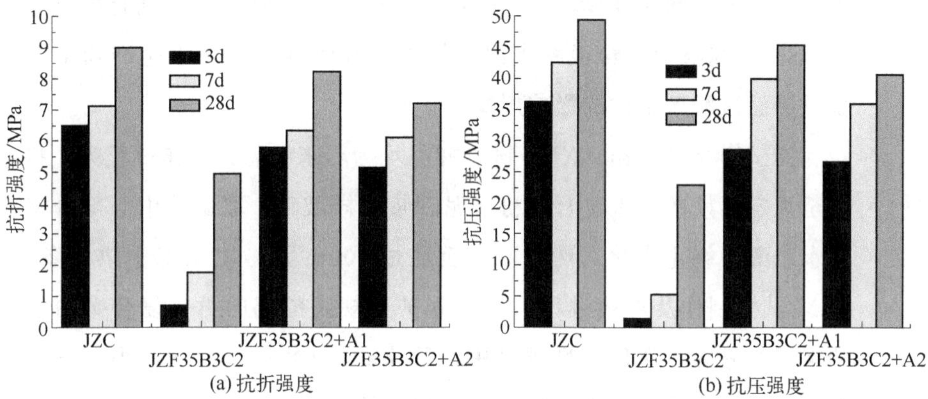

图 2-7　激发剂作用下的砂浆强度

由图 2-7 可知，激发剂 A1（Na_2SO_4）和激发剂 A2（NaOH）对 JZF35B3C2 砂浆强度有了不同程度的提高，对试件后期强度的激发效果优于早期，激发剂 A1 对复合粉体材料的激发效果优于激发剂 A2。与方案 JZF35B3C2 砂浆强度相比，激发剂 A1、激发剂 A2 作用下 28d 的抗压强度分别提高了 97.09%、76.81%，28d 的抗折强度分别提高了 66.46%、45.25%。综合考虑砂浆力学性能，在固定再生砖粉、再生混凝土粉比例为 3∶2 的基础上，结合已有研究成果并最大限度利用再生砖粉[35]，确定建筑固废复合微粉-粉煤灰（recycled powder from brick，concrete and fly ash，RPBCF）的掺配比例为再生砖粉∶再生混凝土粉∶粉煤灰＝3∶2∶5，并且掺入一定量的激发剂 A1（Na_2SO_4）。

2.2
再生复合微粉（RPBCF）水泥砂浆微观形貌及水化产物

2.2.1　试验方案设计

本节通过 X 射线衍射分析（XRD）探讨再生复合微粉对水泥浆体水化产物组成的影响规律，同时采用扫描电镜法（SEM）并结合能谱分析（EDS）研究再生复合微粉水泥浆体掺量和龄期对浆体水化产物微观形貌及界面过渡区结构的影响规律。

测试样品的制作：XRD 试验样品均为粉末状，其制作过程为：将养护至规定龄期的再生复合微粉水泥砂浆试样敲碎，取试件中心部分浸入无水乙醇中终止水化，然后研磨至通过 80μm 筛，在 60℃下烘干备用；SEM 试样制作及观察过程为：将养护至规定龄期的再生复合微粉水泥砂浆试样敲碎，从代表性试件中心取出约（1×1×1）cm^3 小立方体放入无水乙醇中终止水化，经 60℃干燥备用，测试之前须对试样表面进行喷金处理。

2.2.2　再生复合微粉-水泥砂浆微观形貌

由图 2-8 可知，建筑固废微粉颗粒形貌极其不规则，其大部分为块状，表面较为粗糙，有利于增强与水泥浆体的吸附力，建筑固废再生复合微粉在不同比例混合时，其微观形貌变化显著，掺配比例为 4∶1 时表面较为致密，再生砖粉与再生混凝土粉之间结合较为紧密，而在掺配比例为 3∶2 时，两者结合较为疏松，表面存在部分空隙，该空隙有利于水泥浆体在其内部流动，进而对混凝土的流动性有一定的影响；由图 2-9 可知，随着龄期增长，掺再生复合微粉的水泥浆体内部微观形貌变化显著，水化产物逐渐增多；7d 龄期时，水泥浆体内部水化产物较少，

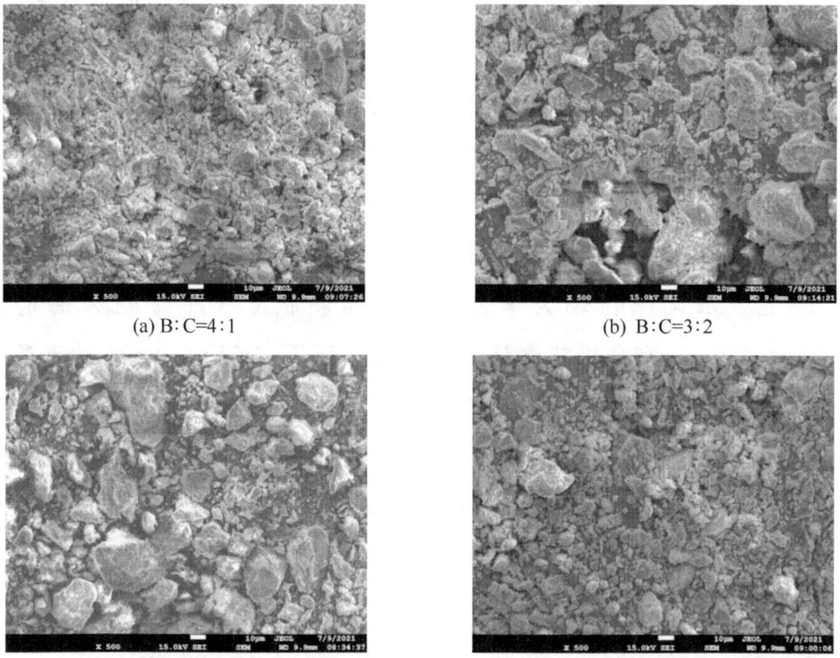

(a) B∶C=4∶1　(b) B∶C=3∶2

(c) B∶C=5∶0　(d) B∶C=0∶5

图 2-8　建筑固废复合微粉微观形貌

(a) 7d龄期　(b) 28d龄期

图 2-9　再生复合微粉水泥砂浆不同龄期微观形貌

主要为块状 $Ca(OH)_2$ 晶体，且晶体粗大，内部结构较为疏松；28d 龄期时，水泥浆体内部结构较为致密，水化产物数量明显增多，可清楚观察到层状 $Ca(OH)_2$、絮状 C-S-H 凝胶和针状钙矾石，且各水化产物间形成密实结构，有利于提高水泥浆体密实度，上述微观形貌与水泥砂浆力学强度随龄期增长逐渐增大相吻合。

由图 2-10 可知，建筑固废复合微粉的掺入对水泥粉煤灰砂浆的微观形貌有显著影响，基准水泥粉煤灰砂浆水化产物分布不均匀，主要为六方体状 $Ca(OH)_2$ 和纤维状 C-S-H 凝胶，微观结构不均匀，界面区域不致密。掺入 35%再生复合微粉后水泥砂浆微观形貌较为致密、水化产物较为丰富，主要为簇状 C-S-H 凝胶和一定数量 $Ca(OH)_2$，在孔隙内部还含有少量钙矾石（AFt），各水化产物之间形成致密网状结构，这与砂浆宏观力学强度有较高的匹配性。当掺入 100%建筑固废复合微粉后，试件内部含有一定数量的微裂纹，主要水化产物为层叠状 $Ca(OH)_2$ 晶体，单向纤维状 C-S-H 凝胶变为簇状。

(a) 基准试件

(b) 掺35%再生复合微粉水泥砂浆试件

(c) 掺100%建筑固废复合微粉水泥砂浆试件

图 2-10　掺再生复合微粉水泥砂浆试件微观形貌

为进一步分析再生复合微粉对水泥水化产物化学组成的影响，采用 EDS 对 28d 龄期时掺再生复合微粉水泥砂浆水化产物内部典型元素进行分析，测试结果见图 2-11，图 2-12 为通过 EDS 分析结果计算得出的砂浆 Ca/Si 随再生复合微粉掺量变化的演化规律。

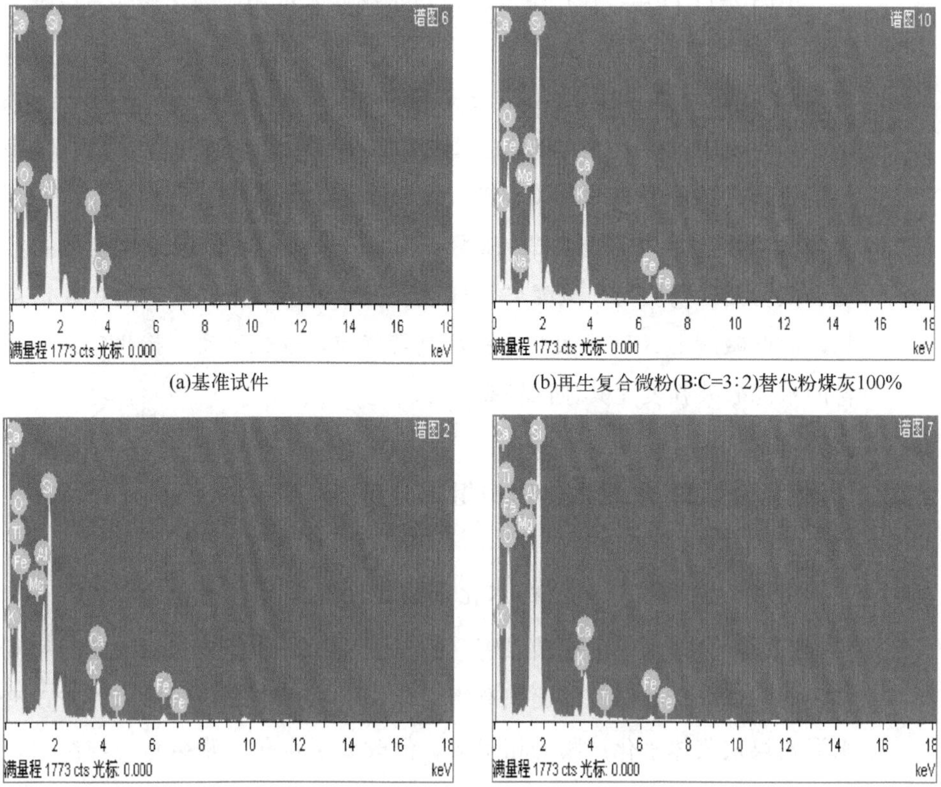

(a)基准试件

(b)再生复合微粉(B∶C=3∶2)替代粉煤灰100%

(c)再生复合微粉(B∶C=3∶2)替代水泥25%

(d)再生复合微粉(B∶C=5∶0)替代水泥25%

图 2-11　再生复合微粉水泥砂浆能谱分析

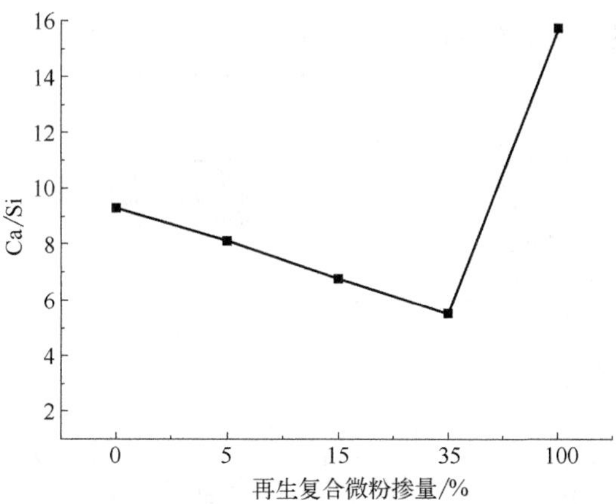

图 2-12　Ca/Si 随再生复合微粉掺量的变化

由图 2-11 可知，掺再生复合微粉水泥砂浆水化产物主要元素组成为 Ca、O 和 Si，还含有少量 Al、Fe 等元素，与基准试件相比，结合图 2-12 可知，当再生复合微粉完全替代粉煤灰时，Ca/Si 增大。由图 2-11 可知随着再生复合微粉掺量增加，Ca/Si 出现先降低后增加的变化规律，在掺量为 35%时 Ca/Si 出现最小值，与基准试件相比，当再生复合微粉掺量为 35%时，Ca/Si 降低 40.57%。上述试验数据证明再生复合微粉活性物质与高碱度 C-S-H 凝胶发生反应，生成低碱度 C-S-H 凝胶，而低碱度 C-S-H 凝胶具有强度高等优点，这也证实了掺再生复合微粉的水泥砂浆强度比其他试样高。

2.2.3 再生复合微粉-水泥浆体物相组成分析

由图 2-13 可知：各试样水化产物无明显差异，主要为 $Ca(OH)_2$、钙矾石、部分未水化的硅酸二钙（C_2S）、SiO_2，但是建筑固废复合微粉掺入后，试样衍射峰及峰面积有所变化，说明再生微粉的掺入并未改变水泥粉煤灰浆体水化产物物相组成，但改变了水化产物数量。与纯水泥粉煤灰浆体 XRD 衍射图谱相比，掺再生复合微粉后试样 $Ca(OH)_2$ 衍射峰高度和峰面积有所减小，尤其是添加再生砖粉量增加后，SiO_2 衍射峰增强显著，这主要是由于水泥含量减少，$Ca(OH)_2$ 衍射峰高度随之降低，同时再生复合微粉与 $Ca(OH)_2$ 反应生成 C-S-H 凝胶。随着再生砖粉替代量的增大，$Ca(OH)_2$ 衍射峰高度和峰面积降低幅度显著，这主

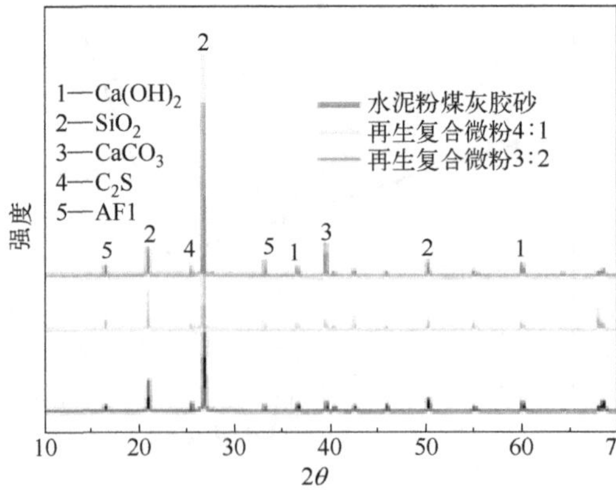

图 2-13　不同掺量下再生复合微粉水泥砂浆 XRD 衍射图

要是再生微粉替代水泥后，水泥含量降低，水化生成的 $Ca(OH)_2$ 减少，另外再生复合微粉的二次水化反应可消耗部分 $Ca(OH)_2$，生成低碱度 C-S-H 凝胶，导致再生砖粉火山灰反应程度降低。

由图 2-14 可知：养护龄期对再生复合微粉水泥浆体水化产物物相组成的影响不大，但对水化产物特征峰的高度及峰面积有所影响，说明养护龄期对水泥水化产物数量有一定影响，28d 龄期时水化产物衍射峰高度和峰面积较 7d 明显提高，这说明随龄期增长试样水化程度提高，水化产物数量增加。

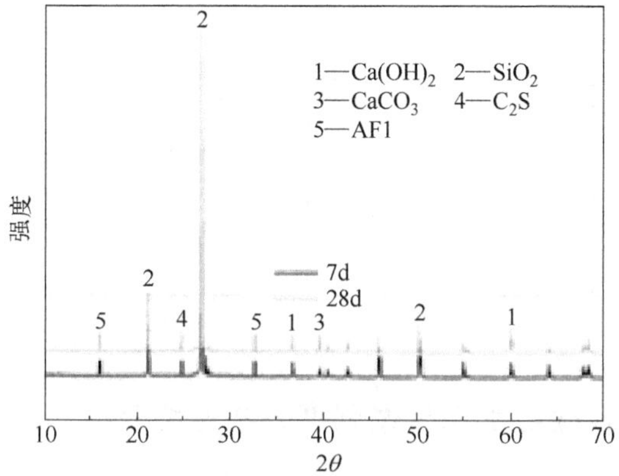

图 2-14　不同养护龄期下再生复合微粉水泥砂浆 XRD 衍射图

2.3 基于火山灰效应的再生复合微粉（RPBCF）活性评价

为了进一步分析探讨再生复合微粉的活性，本节试验改变了试验方案中的水灰比、再生复合微粉掺量，通过测试不同龄期时砂浆试件的力学性能，利用强度比法评价了再生复合微粉的活性。

2.3.1 试验方案

按照水泥胶砂强度检验方法（ISO 法）测试再生复合微粉水泥试件力学强度，试样配合比中灰砂比均为 1∶3，主要试验变量为水灰比、再生复合微粉掺量，通过测试 3d、7d、28d、90d 强度，结合火山灰效应分析方法探究再生复合微粉活性，测试不同养护龄期下再生复合微粉水泥砂浆的力学性能，试验方案见表 2-4。

表 2-4　RPBCF 协同水泥稳定砂浆力学性能方案

编号	水灰比	掺量/%	养护龄期/d
A1	0.45	25	3、7、28、90
A2	0.49		
A3	0.52		
A4	0.45	0	
A5		15	
A6		35	

2.3.2　掺再生复合微粉水泥砂浆强度力学性能分析

下面将从水灰比、再生复合微粉掺量和养护龄期三方面，分析不同因素对砂浆试件力学性能的影响规律。

（1）水灰比对再生复合微粉水泥砂浆试件力学性能的影响规律

由图 2-15 可知，随着水灰比逐渐增大，砂浆力学性能逐渐减小，且随着龄期增长，力学性能降低幅度逐渐减小，如当水灰比由 0.45 增加

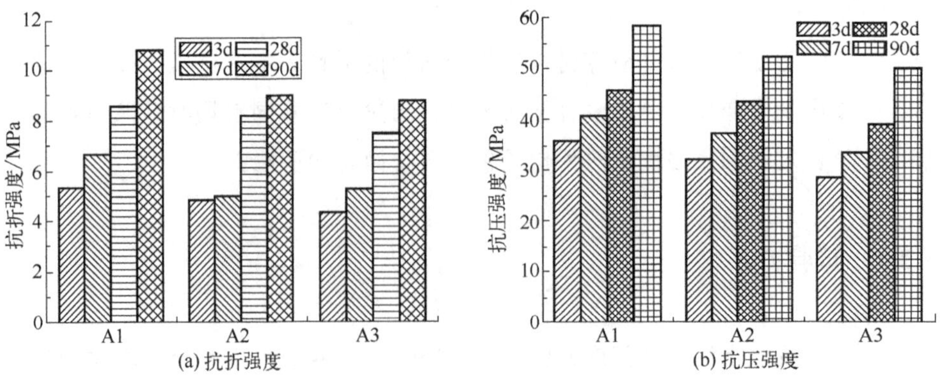

图 2-15　不同水灰比的砂浆强度

到 0.52 时，砂浆早期抗压、抗折强度最大分别降低 20.48%、30.63%，而 90d 抗压、抗折强度分别降低 13.87%、9.28%，这说明再生复合微粉可以与水泥水化反应产物产生火山灰效应，且再生复合微粉与水泥早期的火山灰效应前期较弱，但后期强劲。

(2) 再生复合微粉掺量对砂浆强度的影响规律

由图 2-16 可知：①以 A4 试件为标准，随着再生复合微粉掺量逐渐增大，砂浆抗压强度和抗折强度都表现出先增大后减小的趋势，且抗折强度变化幅度大于抗压强度，当再生复合微粉掺量为 25%时，抗压强度和抗折强度达到最大值，其中 90d 力学强度较基准试件分别增长 12.50%（抗折）和 9.59%（抗压），这主要是由于砂浆内部存在不同程度的微裂缝，而微裂缝对抗折强度的影响大于抗压强度，再生复合微粉不同颗粒级配的填充效应及火山灰效应显著提高了砂浆密实度，有效改善了砂与水泥浆体之间界面结构，从而使试件抗折强度提高；②水化反应早期，掺再生复合微粉砂浆试件的力学性能小于基准试件，随着水化反应不断进行，掺入适量再生复合微粉可以有效改善砂浆试件力学强度，其中再生复合微粉掺量为 25%时，砂浆 28d 抗压强度活性指数为 88.97%，高于《用于水泥、砂浆和混凝土中的粒化高炉矿渣粉》（GB/T 18046—2017）中关于矿粉 28d 活性指数的要求，这主要是由于再生复合微粉的填充效应和活性物质与水泥水化产物之间发生的火山灰反应，两者共同提高了试件力学强度。

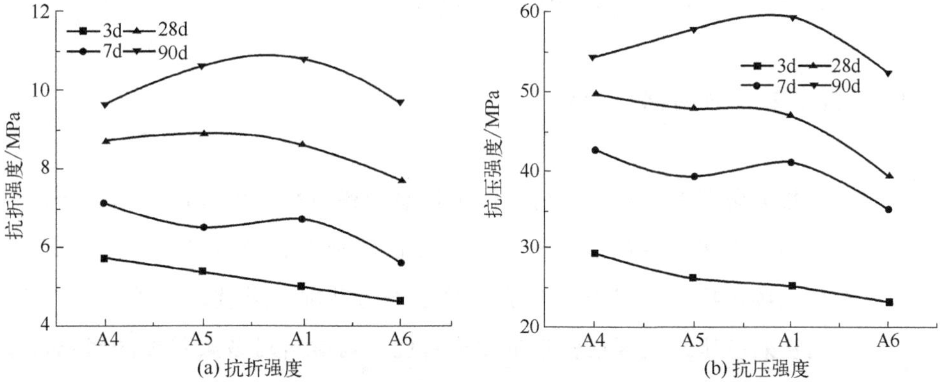

图 2-16 RPBCF 掺量对砂浆强度的影响

(3) 龄期对掺再生复合微粉水泥砂浆试件力学性能的影响规律

为了研究不同龄期下再生复合微粉水泥砂浆试件力学性能的演化规律，以水灰比 0.45、再生复合微粉掺量 25%的砂浆为例探究龄期对力学强度。

由图 2-17 可知，随龄期增长，再生复合微粉水泥砂浆试件力学强度逐渐增大，且符合二次函数增长趋势，以 3d 龄期的抗折抗压强度为标准，7d 力学强度中抗折增长 20.63%，抗压增长 23.95%，28d 力学强度中抗折增长 36.51%，抗压增长 39.13%，90d 力学强度中抗折增长 69.84%，抗压增长 77.02%。

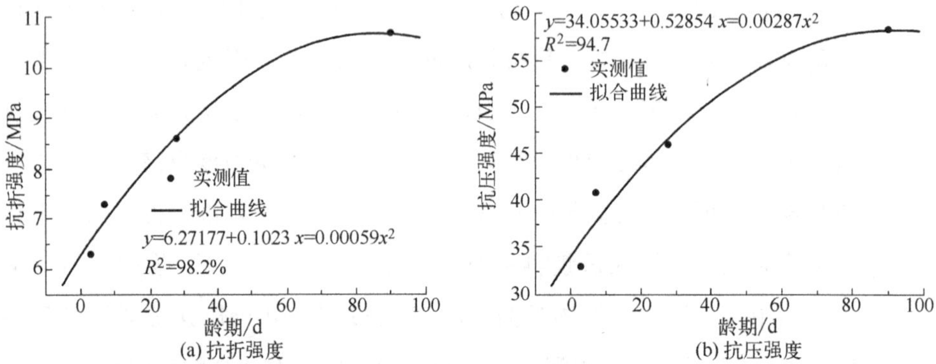

图 2-17 再生复合微粉水泥砂浆随龄期的演化规律

综上可知，再生复合微粉是一种具有一定活性的掺合料，可部分替代水泥用于砂浆及混凝土中，结合砂浆力学强度，并最大限度利用再生复合微粉，其最大掺量不应超过 35%。

2.3.3 再生复合微粉活性评价

相关研究者在总结分析其他矿物掺合料活性评价方法的基础上，提出采用火山灰效应数值分析方法来评价矿物掺合料活性，如蒲心诚[36]教授以掺矿物料砂浆力学性能试验数据为基础，通过定义砂浆比强度、火山灰效应比强度等指标定量评价活性矿物掺料对砂浆强度的影响，该方法具有计算简单、物理意义明确等优点。本书拟采用火山灰效应分析方法，以水泥砂浆抗压强度试验结果为基础，研究再生复合微粉火山灰效应，并对其进行定量分析和评价，相关计算公式见式（2-1）～式（2-4）。再生复合微粉火山灰效应的发挥受到水灰比、再生复合微粉掺量和龄期等因素的影响，下面将探究上述因素对再生复合微粉火山灰效应的影响规律。

$$R_{比基}=\frac{R_{砂浆强度绝对值}}{q_{基准胶凝材料中水泥含量}} \tag{2-1}$$

$$R_{比掺}=\frac{R_{含活性材料的砂浆强度绝对值}}{q_{活性胶凝材料中水泥含量}} \tag{2-2}$$

$$R_{比火}=R_{比掺}-R_{比基} \tag{2-3}$$

$$P_{火山}=\frac{R_{比火}}{R_{比掺}}\times 100\%=\frac{R_{比掺}-R_{比基}}{R_{比掺}}\times 100\% \tag{2-4}$$

式中 $R_{比基}$——基准条件下单位水泥含量所产生的强度（强度/水泥含量）；

$R_{砂浆强度绝对值}$——基准砂浆试件的抗压强度（即不掺再生复合微粉时的强度绝对值）；

$q_{基准胶凝材料中水泥含量}$——基准胶凝材料中水泥所占的质量分数；

$R_{比掺}$——掺再生复合微粉条件下单位水泥含量所产生的强度；

$R_{含活性材料的砂浆强度绝对值}$——掺再生复合微粉后砂浆试件的抗压强度；

$q_{活性胶凝材料中水泥含量}$——掺再生复合微粉情况下胶凝材料中水泥的质量分数；

$R_{比火}$——火山灰反应强度比，表示由再生复合微粉的火山灰活性额外贡献的单位水泥强度，换句话讲，它表示掺入再生复合微粉后每单位水泥强度比相对于基准提高的部分，用于定量表征火山灰效应产生的强度增量；

$P_{火山}$——再生复合微粉火山灰反应对掺合料砂浆强度的贡献比例，例如 $P_{火山}=20\%$说明在掺再生复合微粉的砂浆中，有20%的抗压强度归功于再生复合微粉的火山灰活性；

(1) 水灰比对再生复合微粉活性的影响

由表 2-5 可知，水灰比对再生复合微粉火山灰效应发挥有一定影响，即随着水灰比增大，再生复合微粉 3d、28d 火山灰效应贡献比例（$P_{火山}$）及活性指数（A）减小，且早期评价指标变化较显著，这是由于随着水灰比增大，胶凝体系内部水泥含量降低，水化产物减少，再生复合微粉与水化产物反应程度降低，活性降低，砂浆力学强度降低显著，如水灰比为 0.52 时，活性指数仅为 0.526。

表 2-5 不同水灰比 RPBCF 火山灰效应指标

水灰比	火山灰效应指标											
	$R_{比掺}$		$R_{比基}$		$R_{比火}$		K/%		$P_{火山}$/%		A	
	3d	28d	3d	28d	3d	28d	3d	28d	3d	28d	3d	28d
0.45	0.489	0.612	0.363	0.496	0.126	0.116	1.346	1.234	25.726	18.971	1.029	0.759
0.49	0.456	0.597	—	—	0.093	0.101	1.256	1.204	20.351	16.935	0.814	0.677
0.52	0.395	0.571	—	—	0.032	0.075	1.088	1.151	8.051	13.152	0.322	0.526

注：K 表示火山灰活性指数，用来量化掺再生复合微粉体系相对于基准体系的强度比值。

(2) 掺量对再生复合微粉活性的影响

以水灰比 0.45 的再生复合微粉水泥砂浆试件 28d 龄期抗压强度试验数据为基础，分析不同再生复合微粉掺量对火山灰效应的影响规律，分析结果见表 2-6。

表 2-6 不同掺量下 RPBCF 火山灰效应指标

掺量/%	火山灰效应指标					
	$R_{比掺}$	$R_{比基}$	$R_{比火}$	K/%	$P_{火山}$/%	A
0	—	0.4959	—	—	—	—
15	0.557	—	0.061	1.123	10.969	0.731
25	0.612	—	0.116	1.234	18.971	0.759
35	0.603	—	0.107	1.216	17.761	0.507

由表 2-6 可知，随再生复合微粉掺量增加，再生复合微粉火山灰强度贡献率及活性指数表现为先升高后降低的趋势，尤其是掺量≤25%时，再生复合微粉活性指数均值为 0.745，接近 1，说明 28d 龄期时，再生复合微粉活性与水泥较为接近；当再生复合微粉掺量为 35%时，活性指数仅为 0.507，这是由于再生复合微粉替代量较大，试件内部水化产物生成量较少，不足以激发再生复合微粉的火山灰效应。

(3) 养护龄期对再生复合微粉活性的影响

以水灰比 0.45 和再生复合微粉掺量为 25%的水泥砂浆抗压强度试验数据为基础，分析不同养护龄期对再生复合微粉火山灰效应的影响规律，分析结果见表 2-7。

表 2-7 不同龄期下 RPBCF 火山灰效应指标

龄期/d	火山灰效应指标					
	$R_{比掺}$	$R_{比基}$	$R_{比火}$	K/%	$P_{火山}$/%	A
3	0.467	0.363	0.104	1.286	22.227	0.889
7	0.504	0.426	0.078	1.184	15.516	0.621
28	0.612	0.496	0.116	1.234	18.971	0.759
90	0.779	0.542	0.237	1.437	30.423	1.2169

由表 2-7 可知，龄期对再生复合微粉火山灰效应贡献率及活性指数均有一定影响，其中 90d 龄期，再生复合微粉活性指数均>1，说明再生复合微粉二次水化反应已充分发挥，因此活性较高。7d 龄期时，再生复合微粉活性指数仅为 0.621，活性较小；3d、28d 龄期时，活性指数分别为 0.889、0.759，与水泥差别不是很大，这是因为 3d 龄期时，再生复合微粉具有较好的微集料效应，可显著改善砂浆密实度，增大体系内部有效水灰比，促进水泥水化，可显著改善再生复合微粉的火山灰效应。

2.3.4 基于多元回归理论的再生复合微粉水泥砂浆强度预测模型

回归分析是研究一个随机变量与几个可控变量之间的相关关系的统计分析方法，根据自变量的个数，可将其分为一元回归分析和多元回归分析[37]。回归分析方法可以借助概率统计知识，从大量数据中提取重要信息，了解数据样本的主要特征，从可控变量的取值中去估计作为因变量的一个随机变量的取值。因此，本书基于多元非线性回归分析的原理，采用多元非线性回归分析理论，以砂浆抗压强度为因变量，以水灰比、再生复合微粉掺量和龄期为自变量，通过 1stOpt 数据分析软件，建立掺再生复合微粉水泥砂浆抗压强度多元回归预测模型。由前文可知，水灰比与砂浆抗压强度呈负线性关系，再生复合微粉掺量和养护龄期与砂浆抗压强度呈二次函数关系，因此定义砂浆抗压强度预测模型如式（2-5）所示。

$$F_C=\alpha_0+\alpha_1\frac{W}{C}+\alpha_2 c+\alpha_3 c^2+\alpha_4 d+\alpha_5 d^2 \tag{2-5}$$

式中 F_C——抗压强度预测模型；

α_i——回归系数；

$\frac{W}{C}$——水灰比；

c——水泥比例；

d——粉煤灰比例。

基于砂浆抗压强度试验数据，利用数据分析软件 1stOpt，结合 Levenberg-Marquardt 算法进行多元回归分析，得式（2-5）的最终表达式为式（2-6），相关系数 R 为 91.48%。

$$F_C=58.419-52.113\frac{W}{C}-1.447c-53.552c^2+0.583d-0.004d^2 \tag{2-6}$$

由式（2-6）可知，砂浆抗压强度与水灰比、再生复合微粉掺量和养护龄期之间存在显著定量关系，与试验结果规律相一致。因此，上述强度预测模型可用于再生复合微粉协同水泥稳定砂浆抗压强度预估，可为相关工程应用提供理论指导。

第3章

混合型再生粗集料路用性质评价及分级研究

再生集料由于来源、加工方式不同，离散性比天然集料大很多，因此有关再生集料分级的研究非常重要。建筑拆除垃圾中废混凝土和黏土砖难以分离或分离成本高，尤其是多、低层建筑拆除废弃物中包含的旧混凝土块、碎砖块等，再生集料物理性质对混凝土性能有显著影响，然而，碎砖块集料的物理性质及碎砖块含量对再生混凝土力学性能影响的研究成果较少。因此，本章以这种混合废弃块破碎筛分得到的再生集料（称为混合型再生集料）为研究对象，重点研究碎砖块含量对混合型集料物理性质及水泥稳定再生碎石基层力学性能的影响。

3.1 混合型再生粗集料路用性质评价

试验所用原材料与第二章相同，再生集料的制备见图 2-1。首先，分别测试天然石灰岩集料的表观密度、饱和面干密度、吸水率、压碎值；根据河南省 S312 省道郑州境郑汴交界Ⅲ标段路面基层（类型为骨架密实型）设计级配（见图 3-1），室内人工配置不同比例类型的混合型再生粗集料，即 B∶C 分别为 0∶5、1∶4、4∶1、3∶2、2∶3、5∶0，在此基础上分别测试混合型再生粗集料性能指标（吸水率、表观密度、

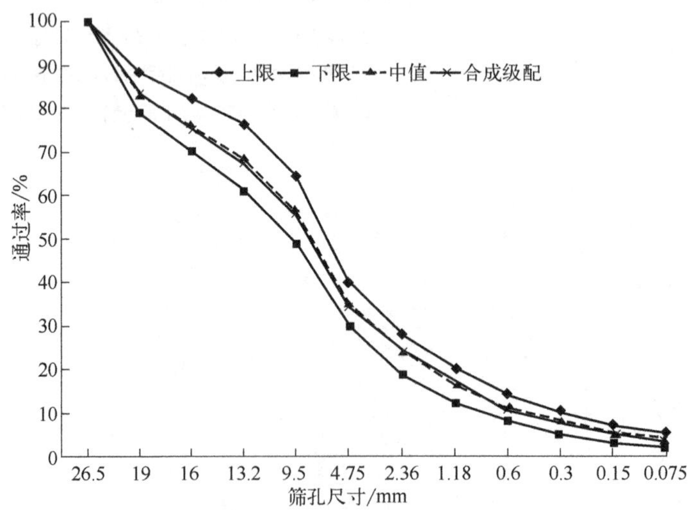

图 3-1　省道 S312 郑汴交界段基层级配曲线

饱和面干密度、压碎指标）；最后，将上述不同类型混合型再生粗集料100%替代 S312 省道基层的粗集料，并采用击实试验确定最佳含水量和最大干密度后成型 ϕ100mm×100mm 试件，评价不同比例类型混合型再生粗集料对水泥稳定碎石基层 7d 无侧限抗压强度的影响。

3.2 混合型再生粗集料路用技术性质研究

3.2.1 混合型再生粗集料压碎值评价

混合型再生粗集料压碎值是评定再生石料力学性质的指标，可用于评价其在公路工程中的适用性。本项目按照行业标准《公路工程集料试验规程》（JTG 3432—2024）T 0316—2024 中的试验步骤测定混合型再生粗集料的压碎值，主要试验仪器见图 3-2，测试结果见图 3-3，其中集料、砖块、混凝土块的压碎值见图 3-4。为了进一步研究混合型再生粗集料替代不同比例集料时，混合型再生粗集料对石灰岩集料压碎值影响的演化规律，在充分利用砖的情况下，选取砖集料与混凝土集料的 B∶C 为 4∶1 和 3∶2 两种情况进行测试，结果见图 3-5。

(a) 压碎值试验仪　　(b) 压力机　　(c) 振筛机

图 3-2　压碎值试验主要仪器

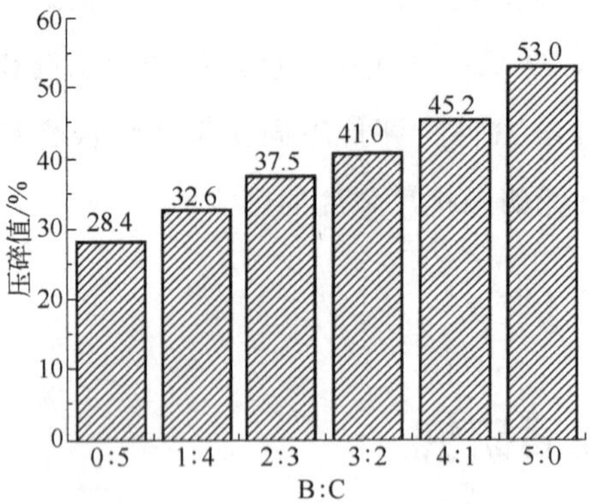

图 3-3　混合型再生粗集料压碎值

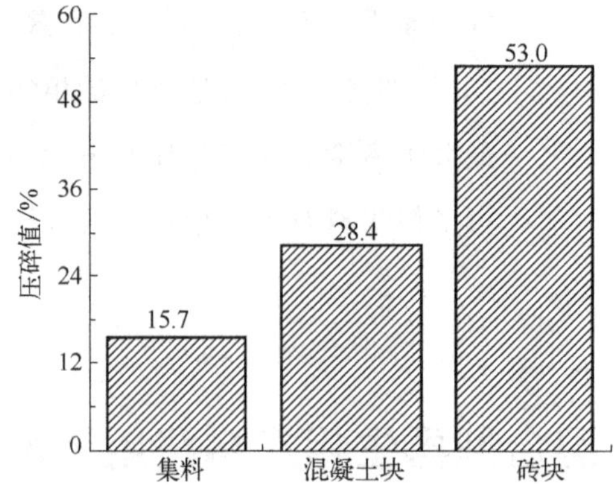

图 3-4　集料、建筑垃圾压碎值

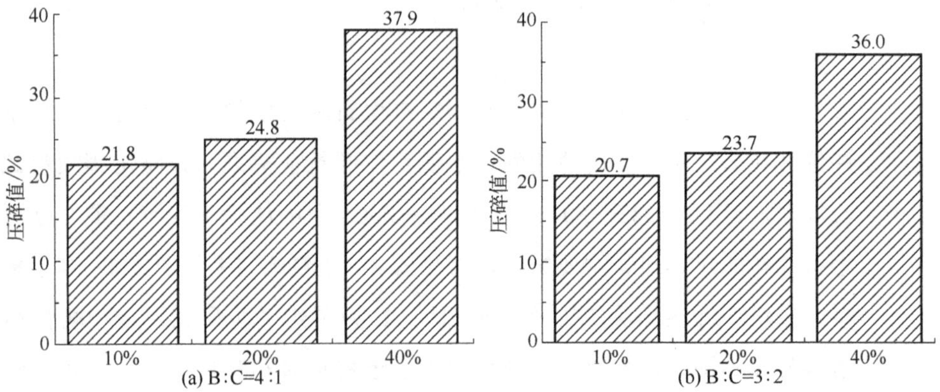

图 3-5　混合型再生粗集料对石灰岩集料压碎值的影响

由图 3-3 可知，混合型再生粗集料的压碎值随着砖块和混凝土块的比例变化而变化：随着砖块所占混合型再生粗集料比例的增大而逐渐增大，随着混凝土块所占比例的增大而逐渐减小，这说明在混合型再生粗集料中必须适当控制再生砖块所占比例。与图 3-4 比较可知，混合型再生粗集料压碎值远高于天然石灰岩集料，且砖的掺入是导致混合型再生粗集料压碎值增大的主要因素。由图 3-5 可知，随着混合型再生粗集料掺量的增大，压碎值逐渐增大，根据道路基层对粗集料的技术要求，高速公路和一级公路在重、轻交通荷载等级下压碎值不得超过 26%，可确定出混合型再生粗集料替代石灰岩集料量不超过 20%，且砖块在混合型再生集料中的比例不超过 60%。

3.2.2 混合型再生粗集料密度与吸水率分析

饱和面干密度、表观密度分别代表了集料中的开口孔隙、闭口孔隙，而毛体积密度包含了材料实体、开口及闭口孔隙。混合型再生粗集料是建筑垃圾中的废砖、废弃混凝土块，经破碎机破碎后组成的不同粒径的混合物，其密度与砖块、混凝土块的比例、形貌、组成成分等因素密切相关，吸水率与砖块、混凝土块的空隙类型、空隙分布特征密切相关。室内试验人工配置混合型再生粗集料浸水试验，见图 3-6。

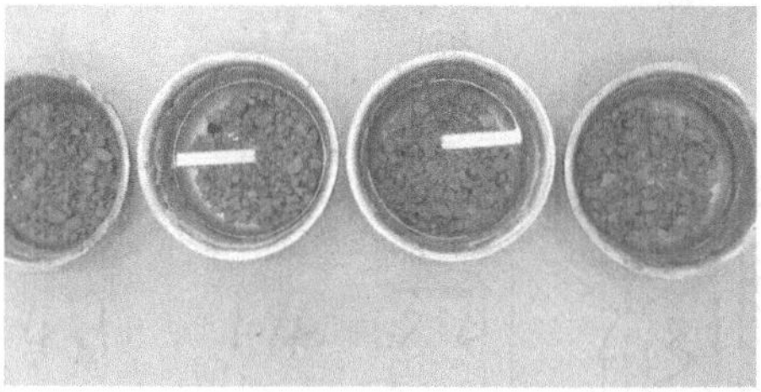

图 3-6　不同比例的混合型再生粗集料浸水试验

为了研究混合型再生粗集料的密度和吸水率特性，以天然石灰岩集料为对照，其中天然石灰岩和混合型再生粗集料密度和吸水率按照《公路工程集料试验规程》（JTG 3432—2024）中的网篮法测试，天然石灰岩的表观密度、饱和面干密度、毛体积密度、吸水率的实测值分别为：2.856g/cm^3、2.824g/cm^3、2.808g/cm^3、0.6%。实验室内混合型再生粗集料组成按照试验路段中粗集料级配分别按照 0∶5、1∶4、2∶3、3∶2、4∶1、5∶0 配置，即砖块占混合型粗集料的总量为 0、20%、40%、60%、80%、100%。

由图 3-7～图 3-9 可知，随着砖块比例的逐渐增大，混合型再生粗集料的表观密度、饱和面干密度、毛体积密度逐渐降低，且三种密度变化幅度差异显著，其中毛体积密度的变化幅度最为显著，降低幅度为 18.80%，而表观密度变化幅度最小，为 2.43%；另外砖块自身的表观密度、饱和面干密度、毛体积密度远低于废弃混凝土块，且两者均小于天然石灰岩集料相对应的密度。由图 3-10 可知，随着砖块比例的逐渐增

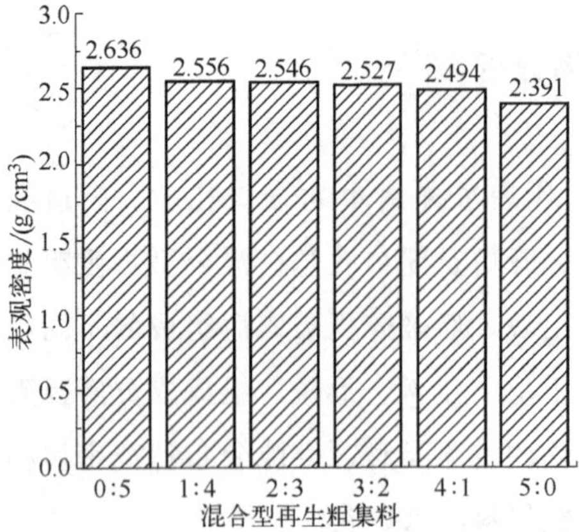

图 3-7　混合型再生粗集料表观密度

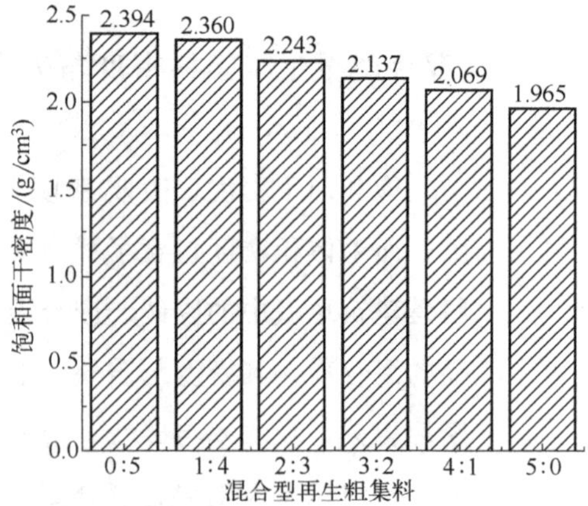

图 3-8　混合型再生粗集料饱和面干密度

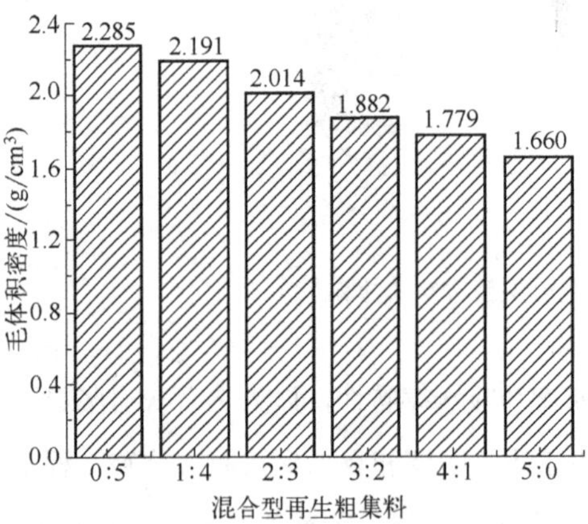

图 3-9　混合型再生粗集料毛体积密度

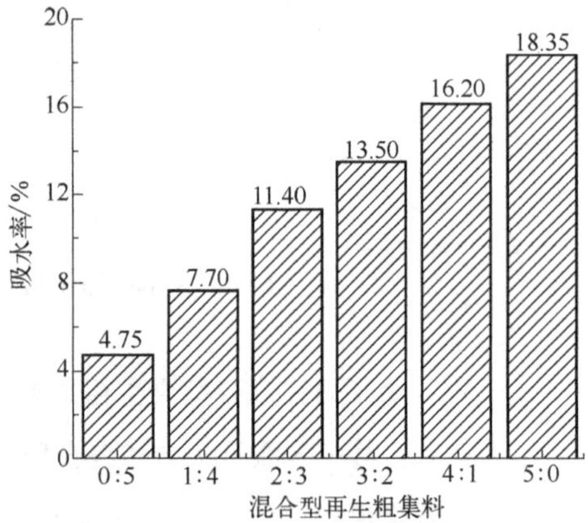

图 3-10　混合型再生粗集料吸水率

大，吸水率逐渐增大，上述演化趋势与混合型再生粗集料密度演化趋势一致，且混合型再生粗集料的吸水率远远大于天然石灰岩集料，其中砖块的吸水率是天然石灰岩集料的 30.58 倍，是废弃混凝土块 3.86 倍，这说明对于混合型再生粗集料，砖块所占比例是影响混合型再生粗集料路用性质的主要因素，尤其是影响水泥稳定碎石混合料最佳含水量和最大干密度的主要因素。

3.2.3　混合型再生粗集料对水泥稳定碎石基层力学性能的影响

以河南省 S312 郑州境改建工程（郑汴交界至 G107 东移段）水泥稳

定碎石混合料为基准（JZ），水泥剂量为 4.5%，选用骨架密实型结构，其中粗集料在压实混合料中有一定的骨架作用，压实后混合料的强度高，抗裂性、抗冲刷性较好，按照最佳含水量和最大干密度成型试件，测得 7d 的无侧限抗压强度为 9.6MPa。在此基础上，按照完全替代工程背景中的粗集料，根据《公路工程无机结合料稳定材料试验规程》（JTG 3441—2024）中的测试方法，以实验室配置的混合型再生粗集料为研究对象，采用重型击实方法成型试件，在规定的养护条件下养护 7d，探究混合型再生粗集料对水泥稳定碎石混合料无侧限抗压强度的影响，试验结果见图 3-11。

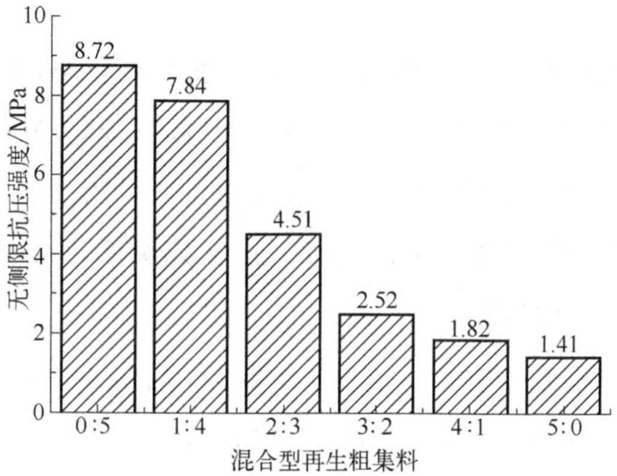

图 3-11　水泥稳定混合型再生粗集料碎石抗压强度

由图 3-11 可知，随着砖块在混合型粗集料中的比例逐渐增大，水泥稳定碎石 7d 无侧限抗压强度逐渐降低，尤其是在砖块由 20%增长到 40%时，无侧限抗压强度降低幅度达 42.47%，这说明砖块对其强度有显著降低作用，当砖块比例达到 100%时，其强度仅为 1.41MPa，已不能适用于道路工程基层中，因此在实际工程中应当限制砖块粗集料的使用比例；而随着废弃混凝土粗集料在混合型集料中比例的增大，水泥稳定碎石 7d 无侧限抗压强度逐渐增大，这说明废弃混凝土块可作为粗集料替代天然集料，但其强度与天然粗集料成型试件的强度相比有所降低，降低幅度为 9.17%。结合《道路用建筑垃圾再生骨料无机混合料》（JC/T 2281—2014）和《公路沥青路面设计规范》（JTG D50—2017），可确定出在高速公路、一级公路基层中，在中、轻交通条件下，砖块在混合型再生粗集料中的比例不得超过40%，在重交通条件下，不得超过20%，在特重交通条件下，禁止采用混合型再生粗集料代替天然粗集料。

3.3 混合型再生粗集料路用性质灰熵关联性分析

3.3.1 灰熵分析理论

灰熵分析理论是一种基于关联度分析的评价与决策的方法，它克服了灰关联分析中关联系数分布离散较大造成局部关联倾向和计算关联系数平均值求关联度而忽略个体信息的缺点，采用"熵"的方法定量分析参考序列与比较序列的关联程度，用灰熵关联度表征两者之间的关联度，其计算公式的推导如下：

设参考序列 $x_0(k)=\{x_0(1),x_0(2),x_0(3),\cdots,x_0(n)\}$，比较序列为 $n\times m$ 阶的序列 $x_i(k)$，其中 $i=1, 2, \cdots, m$；$k=1, 2, \cdots, n$。

由灰色关联理论[38] 可知，灰关联系数的计算公式为

$$\xi_i\left[x_0(k),x_i(k)\right]=\frac{\min\limits_i\min\limits_k\left|x_0(k)-x_i(k)\right|+\rho\max\limits_i\max\limits_k\left|x_0(k)-x_i(k)\right|}{\left|x_0(k)-x_i(k)\right|+\rho\max\limits_i\max\limits_k\left|x_0(k)-x_i(k)\right|} \tag{3-1}$$

灰关联系数与分辨系数 ρ 的取值密切相关，在灰关联系数计算过程中，分辨系数主要起到提高关联系数之间的差异性的作用，其值经常取为定值，即 $\rho=0.5$。而有关研究者发现 ρ 取不同数值时将严重影响比较序列和参考序列之间的关联程度。其中东亚斌认为当序列波动较大时，分辨系数 ρ 应取较小值，当序列平稳时，分辨系数 ρ 应取较大值，同时提出 ρ 的取值准则，但并没有给出 ρ 的具体计算公式。

运用式（3-1）时，须先对原始数据进行初值化处理，可确定出 $\min\limits_i\min\limits_k\left|x_0(k)-x_i(k)\right|=0$，令 $\max\limits_i\max\limits_k\left|x_0(k)-x_i(k)\right|=\Delta_{\max}$，

$|x_0(k)-x_i(k)|=h(k)$，则式（3-1）可以简化为

$$\xi_i[x_0(k),x_i(k)]=\frac{\rho\Delta_{\max}}{h(k)+\rho\Delta_{\max}} \tag{3-2}$$

由式（3-2）可知，ρ 的取值可有效地控制 $\Delta_{\max}$ 对关联系数 $\xi_i[x_0(k),x_i(k)]$ 的贡献程度。令$\frac{h(k)}{\Delta_{\max}}=\delta_i(k)$，且 $\delta_i(k)\in[0,1]$，灰关联系数 $\xi_i[x_0(k),x_i(k)]$ 转化为 $\xi_i(k,\rho)$，则式（3-2）可化简为式（3-3）

$$\xi_i[k,\rho]=\frac{\rho}{\delta_i(k)+\rho} \tag{3-3}$$

对式（3-3）求 ρ 的导数，可得到式（3-4）

$$\frac{\partial\xi_i(k,\rho)}{\partial\rho}=\frac{\delta_i(k)}{[\delta_i(k)+\rho]^2}<0 \tag{3-4}$$

结合式（3-3）和式（3-4）可知，当 $\rho\in[0,1]$，可以确定出 $\xi_i\in\left[\frac{\rho}{1+\rho},1\right]$，$\rho$ 取值越小，则关联系数取值越大，灰关联系数区间分布越大。为使比较序列与参考序列的关联系数最大，使比较序列之间的区分度显著，应使 $|\xi_i(k)-\xi_j(k)|$ 的差值最大。

$$|\xi_i(k)-\xi_j(k)|=\left|\frac{\rho}{\delta_i(k)+\rho}-\frac{\rho}{\delta_j(k)+\rho}\right|=\frac{|\delta_j(k)-\delta_i(k)|}{\delta_i(k)+\delta_j(k)+\rho+\frac{\delta_j(k)\delta_i(k)}{\rho}} \tag{3-5}$$

对式（3-5）中含有 ρ 的项求导，根据函数极值的定义可确定出分辨系数 ρ 的取值，由此可得出式（3-6）

$$\frac{\partial\left(\rho+\frac{\delta_j(k)\delta_i(k)}{\rho}\right)}{\partial\rho}=\frac{\rho^2-\delta_j(k)\delta_i(k)}{\rho^2}=0 \tag{3-6}$$

由式（3-6）可以确定出式（3-7）

$$\rho(k)=\sqrt{\delta_j(k)\delta_i(k)}=\sqrt{\frac{h_j(k)h_i(k)}{(\Delta_{\max})^2}}=\frac{\sqrt{h_j(k)h_i(k)}}{\Delta_{\max}} \tag{3-7}$$

结合式（3-4），为使比较序列之间的区分度显著，使灰关联系数区间增大，式（3-7）可以进一步化简为式（3-8）

$$\rho(k)=\frac{\sqrt{\frac{\sum_{k=1}^{n}[h_i(k)]^2}{n}}}{\Delta_{\max}} \tag{3-8}$$

把式（3-8）代入式（3-1）可以获得灰关联系数计算式（3-9）

$$\xi_i[x_0(k),x_i(k)]=\frac{\rho(k)\max\limits_i\max\limits_k|x_0(k)-x_i(k)|}{|x_0(k)-x_i(k)|+\rho(k)\max\limits_i\max\limits_k|x_0(k)-x_i(k)|} \tag{3-9}$$

进而通过对灰关联系数进行分布映射来达到灰熵的要求。将比较序列 x_i 和参照序列 x_0 在 k 点的关联密度值作为映射值 p_i（k），其计算公式为

$$p_i(k)=\frac{\xi_i[x_0(k),x_i(k)]}{\sum_{k=1}^{n}\xi_i[x_0(k),x_i(k)]}=\frac{\left[\frac{\rho(k)\mathrm{Max}}{|x_0(k)-x_i(k)|+\rho(k)\mathrm{Max}}\right]}{\sum_{k=1}^{n}\frac{\mathrm{Min}+\rho(k)\mathrm{Max}}{|x_0(k)-x_i(k)|+\rho(k)\mathrm{Max}}} \tag{3-10}$$

其中，关联密度值 p_i（k）应同时满足以下两个条件

$$\begin{cases}p_i(k)\geqslant 0\\ \sum_{k=1}^{n}p_i(k)=1\end{cases} \tag{3-11}$$

根据 $p_i(k)$ 可以求得比较序列 x_i 和参考序列 x_0 的灰关联熵 H_i 的计算公式为

$$H_i=-\sum_{k=1}^{n}[p_i(k)\times\ln p_i(k)]=-\sum_{k=1}^{n}\left\{\frac{\xi_i[x_0(k),x_i(k)]}{\sum_{k=1}^{n}\xi_i[x_0(k),x_i(k)]}\right\}\times\ln\left\{\frac{\xi_i[x_0(k),x_i(k)]}{\sum_{k=1}^{n}\xi_i[x_0(k),x_i(k)]}\right\} \tag{3-12}$$

由式（3-12）可得到，比较序列 x_i 和参考序列 x_0 的灰熵关联度为式（3-13）

$$E_i(x_i)=\frac{H_i}{H_{\max}}=\frac{-\sum_{k=1}^{n}[p_i(k)\times\ln p_i(k)]}{\ln n} \tag{3-13}$$

$$0\leqslant E_i\leqslant 1 \tag{3-14}$$

依据熵增原理，E_i 越大，比较序列 x_i 和参考序列 x_0 的关联度越大。

3.3.2 混合型再生粗集料性能指标与无侧限抗压强度灰熵分析

根据式（3-13）灰熵关联度的计算公式，以水泥稳定碎石基层7d无侧限抗压强度为参考序列，以粗集料的表观密度、饱和面干密度、吸水率、压碎值、毛体积密度为比较序列，计算参考序列与比较序列的灰熵关联度 H_i。

整理上述试验数据，求解得到比较序列、参考序列的初值像，见表3-1，比较序列与参考序列的差序列见表3-2，根据表3-2可确定出两极最大差为 $\Delta_{max}=3.70$，最小差为 $\Delta_{min}=0$，进而利用式（3-8）计算确定出比较序列的分辨系数分别为0.180、0.164、0.358、0.141、1.0，利用公式（3-9）计算确定出比较序列的灰关联系数的计算结果见表3-3，在此基础上，利用公式（3-10）～式（3-12）计算参考序列和比较序列的灰关联熵，利用灰关联熵，结合式（3-13）计算两者之间的灰熵关联度，计算结果见表3-4。

表3-1 参考序列与比较序列初值像

抗压强度（参考序列）	1.00	0.97	0.97	0.96	0.95	0.91
表观密度（比较序列）	1.00	0.99	0.94	0.89	0.86	0.82
饱和面干密度（比较序列）	1.00	1.15	1.32	1.44	1.59	1.87
压碎值（比较序列）	1.00	0.96	0.88	0.82	0.78	0.73
毛体积密度（比较序列）	1.00	1.62	2.40	2.84	3.41	3.86
吸水率（比较序列）	1.00	0.97	0.97	0.96	0.95	0.91

表3-2 参考序列与比较序列差序列

表观密度	0.00	0.07	0.45	0.67	0.74	0.75
饱和面干密度	0.00	0.09	0.42	0.60	0.66	0.66
压碎值	0.00	0.25	0.80	1.15	1.38	1.70
毛体积密度	0.00	0.06	0.36	0.53	0.57	0.56
吸水率	0.00	0.72	1.88	2.55	3.20	3.70

表 3-3 灰关联系数

表观密度	1.000	0.904	0.598	0.499	0.475	0.472
饱和面干密度	1.000	0.865	0.569	0.479	0.459	0.457
压碎值	1.000	0.856	0.648	0.562	0.517	0.465
毛体积密度	1.000	0.861	0.504	0.409	0.394	0.396
吸水率	1.000	0.837	0.663	0.592	0.536	0.500

表 3-4 灰熵关联度

混合型再生粗集料类型	0∶5	1∶4	2∶3	3∶2	4∶1	5∶0	H_i	E_i
表观密度	−0.348	−0.338	−0.286	−0.261	−0.255	−0.254	1.74	0.972
饱和面干密度	−0.351	−0.336	−0.283	−0.260	−0.254	−0.254	1.74	0.970
压碎值	−0.345	−0.329	−0.293	−0.274	−0.263	−0.249	1.75	0.978
毛体积密度	−0.357	−0.343	−0.277	−0.248	−0.243	−0.244	1.71	0.956
吸水率	−0.343	−0.324	−0.294	−0.278	−0.265	−0.256	1.76	0.982

由表 3-4 中表观密度、饱和面干密度、压碎值、毛体积密度、吸水率与混合型不同类型的再生粗集料 7d 无侧限抗压强度的灰熵关联分析结果可知：吸水率的灰熵关联度最大，其值为 0.982，这说明吸水率是影响水泥稳定再生碎石 7d 抗压强度的关键因素，吸水率反映集料空隙大小和结构特征，吸水率与砖块含量密切相关，随着混合型再生粗集料中砖块比例的增大，水泥稳定再生碎石混合料最佳含水量逐渐增大，最佳干密度逐渐减小，内部结构不均匀性和产生裂缝的风险显著提高，抵抗荷载破坏的能力逐渐降低；压碎值与水泥稳定再生碎石混合料 7d 抗压强度的相关性次于吸水率，压碎值主要反映粗集料强度，而水泥稳定再生碎石混合料为骨架密实型级配，粗集料相互接触、嵌挤，其值也可以有效反映粗集料形成的骨架结构对抗压强度的影响；毛体积密度与水泥稳定再生碎石混合料抗压强度相关性较差，灰熵关联度最小，毛体积密度与压实次数具有对数关系，可以间接反映水泥稳定再生碎石混合料的抗压强度，因此该值不能完全反映水泥稳定再生碎石混合料的强度。

综上所述，根据灰熵关联度的大小，可以把吸水率和压碎值作为混合型再生粗集料的分级指标。

3.4 基于交通荷载等级的混合型再生粗集料分级方法建议

3.4.1 混合型再生粗集料分级评价指标

压碎值和吸水率可作为混合型再生粗集料的分级指标，为了更有效发挥混合型再生粗集料在水泥稳定碎石基层或者底基层中的作用，将由混合型再生粗集料组成的水泥稳定材料7d无侧限抗压强度值与吸水率、压碎值进行非线性拟合，得到混合型集料性能指标与水泥稳定再生混合型材料抗压强度之间的相关系数，经过数据拟合确定的吸水率、压碎值与抗压强度的相关系数分别为0.984、0.961，其相应的数据拟合公式、相关系数的结果见图3-12。

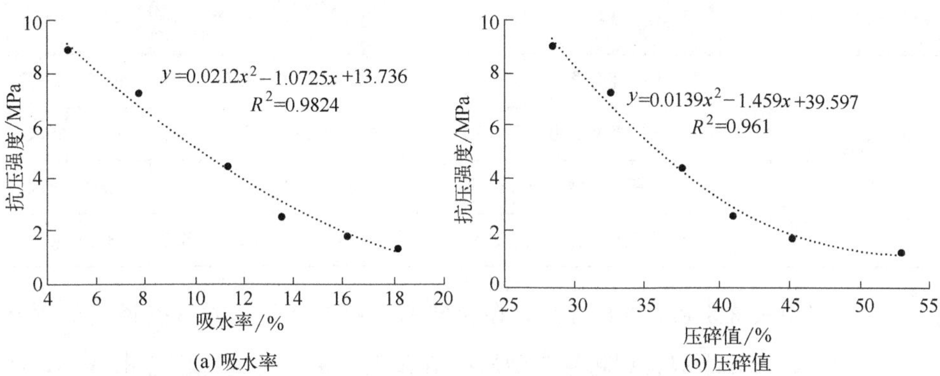

图3-12 抗压强度与吸水率、压碎值关系曲线

由图3-12可知，混合型再生粗集料吸水率、压碎值分别与水泥稳定材料7d的无侧限抗压强度呈二次抛物线规律，由于混合型再生粗集料性能较差，形成的水泥稳定材料7d抗压强度会逐渐降低，而要提高水泥稳定混合型再生材料抗压强度可以适当地增加水泥剂量或者适当调整

含水量和干密度的关系。因此，结合《公路路面基层施工技术细则》(JTG/T F20—2015)、《公路沥青路面设计规范》(JTG D50—2017) 中水泥稳定材料 7d 龄期无侧限抗压强度的标准，利用上述非线性拟合得到的函数关系式可以确定出再生混合型粗集料材料压碎值、吸水率在不同交通荷载等级、不同公路等级、同种公路等级不同层位水泥稳定材料中的适用范围，计算结果汇总于表 3-5 和表 3-6。

表 3-5 混合型再生粗集料压碎值适用范围 单位：%

混合料类型	结构层	公路等级	极重、特重交通	重交通	中等、轻交通
水泥稳定材料	基层	高速公路、一级公路	32.3～36.2	34.2～38.6	36.2～41.5
		二级及二级以下公路	34.2～38.6	36.2～41.5	38.6～45.4
	底基层	高速公路、一级公路	36.2～41.5	37.3～43.2	38.6～45.4
		二级及二级以下公路	37.3～43.2	38.6～45.4	41.5～47.7

表 3-6 混合型再生粗集料吸水率适用范围 单位：%

混合料类型	结构层	公路等级	极重、特重交通	重交通	中等、轻交通
水泥稳定材料	基层	高速公路、一级公路	7.3～10.2	8.7～11.9	10.2～13.7
		二级及二级以下公路	8.7～11.9	10.2～13.7	11.9～16.0
	底基层	高速公路、一级公路	10.2～13.7	11.0～14.8	11.9～16.0
		二级及二级以下公路	11.0～14.8	11.9～16.0	13.7～19.0

由表 3-5 和表 3-6 可知，在相同的公路等级下，随着交通量的逐渐增大，所要求混合型粗集料的压碎值和吸水率的区间范围逐渐减小，在相同交通量和相同结构层下，随着公路等级的提高，压碎值和吸水率的区间范围逐渐减小，在相同交通量和公路等级下，底基层所要求的压碎值和吸水率的区间范围值大于基层所要求的指标范围。这说明压碎值和吸水率与规范中所要求的水泥稳定材料抗压强度演化规律一致，再次证明压碎值和吸水率与抗压强度灰熵关联度最大。

3.4.2 混合型再生粗集料在道路工程中的适用范围

根据《公路路面基层施工技术细则》（JTG/T F20—2015）中对粗集料的技术要求（见表 3-7）及《道路用建筑垃圾再生骨料无机混合料》（JC/T 2281—2014）中的有关规定（再生粗集料压碎值≤45.0），结合表 3-5 和表 3-6 可知，在相同交通量和结构层条件下，混合型再生粗集料达到不同公路等级要求的水泥稳定材料抗压强度界限值时，压碎值的最小值为 32.3%，吸水率的最小值为 7.3%，结合混合型再生粗集料物理性能相关指标试验结果和表 3-7，建议混合型再生粗集料在道路工程中的应用分为 3 级，见表 3-8，且前两类可广泛应用于二级及二级以下公路或者城市道路中的快速路、主干路的底基层中，第一类可应用于二级及二级以下公路或者城市道路中的快速路、主干路的基层中，第三类可应用于城市道路工程中的次干路或者支路。混合型再生粗集料的压碎值指标的界限值均出现在取代率为 20%，且在中、轻交通条件下，砖块在混合型再生粗集料中的比例不得超过 40%，在重交通条件下，不得超过 20%，故该取代率及砖含量可为混合型再生集料与实际工程中的应用提供参考。

表 3-7 粗集料压碎值要求（JTG/T F20—2015） 单位：%

结构层	公路等级	极重、特重交通	重、中、轻交通
基层	高速公路、一级公路	≤22	≤26
	二级及二级以下公路	≤35	
底基层	高速公路、一级公路	≤30	
	二级及二级以下公路	≤40	

表 3-8 混合型再生粗集料分级建议

指标	Ⅰ类	Ⅱ类	Ⅲ类
吸水率/%	≤7.3	≤10.2	≤16.0
压碎指标/%	≤32.3	≤36.2	≤45.4

第4章

RPBCF协同水泥稳定再生碎石技术性能评价

水泥稳定碎石材料是一种多相非均质材料，是以水泥为结合料，通过加水与被稳定材料共同拌和形成的混合料，其中骨架密实型混合料由于其压实后粗细集料的嵌挤强度较高，抗裂性、抗冲刷性能高，而被广泛应用到各等级道路工程中。水泥稳定再生碎石材料的强度和刚度是影响其路用性能和使用寿命的关键因素，其中不同龄期的抗压强度和抗弯拉强度是评价路用性能的关键指标，是道路结构力学分析的重要参数之一，而抗压回弹模量是影响水泥稳定再生碎石基层沥青路面使用寿命的关键因素，其值大小决定了路面结构层的厚度。因此，本章利用正交试验重点分析不同影响因素对水泥稳定再生碎石材料强度和刚度的影响，在此基础上探究水泥稳定再生碎石材料强度形成的机理。

4.1 基于正交试验的配合比方案设计

为了便于比较和分析，本书以河南省 S312 省道郑州境改建工程（郑汴交界至 G107 东移段）为背景，其基层设计级配结构为骨架密实型，最大公称粒径为 26.5mm，石灰岩集料，级配曲线见图 3-1，各档集料质量比分别为 20～25mm：10～20mm：5～10mm：0～5mm＝18：22：26：34，水泥剂量为 4.5%，水泥为 42.5 级普通硅酸盐水泥，相关技术性能指标均满足《公路路面基层施工技术细则》（JTG/T F20—2015）中的要求。室内确定出最大干密度为 2.435g/cm^3、最佳含水量为 4.50%，采用重型击实试验成型试件，在标准养护条件下养护后，测得 7d 的无侧限抗压强度值为 9.1MPa。

4.1.1 试验因素选择及水平确定

水泥稳定再生碎石的强度和刚度与各组成材料的性能密切相关，在总结国内研究现状的基础[39-42]上，为了研究再生微粉协同水泥稳定再生碎石材料技术性能的演化规律，在保证其他各粒径集料用量不变的情况下，本书重点选取结合料（再生复合微粉，复合微粉相关技术性能见第 2 章）、再生细集料（2.36～4.75mm）、再生粗集料（4.75～9.5mm）为研究的三个因素，按照再生砖块：再生混凝土块质量比为 3：2 配置成混合型再生粗集料、混合型再生细集料，按照再生砖粉：再生混凝土粉：粉煤灰＝3：2：5 且添加 3％激发剂 Na_2SO_4 配置成再生复合微粉，根据第 2 章的研究成果和已有研究成果，选取再生复合微粉掺量为 20％、40％、60％和混合型再生集料掺量为 20％、40％、60％进行正交试验，正交试验方案见表 4-1。

表 4-1 正交试验方案

编号	因素		
	再生复合微粉（A）/%	2.36～4.75mm 再生细集料（B）/%	4.75～9.5mm 再生粗集料（C）/%
BZ1	20	20	20
BZ2	20	40	40
BZ3	20	100	100
BZ4	40	20	40
BZ5	40	40	100
BZ6	40	100	20
BZ7	60	20	100
BZ8	60	40	20
BZ9	60	100	40

4.1.2 技术性能评价指标选择

在上述正交试验方案的基础上，确定出三种不同因素在不同水平下的最优组合，分别采用静压法和重型击实法分别成型中梁试件和圆柱体试件，中梁试件为 100mm×100mm×400mm、圆柱体试件为 ϕ100mm×100mm，中梁试件在标准养护室内养护 90d 后，测试 90d 的抗弯拉强度和抗压回弹模量（顶面法），而圆柱体试件分别养护 7d、28d、90d

后，采用路强仪评定建筑固废复合微粉协同水泥粉煤灰稳定再生碎石无侧限抗压强度。为了进一步研究强度形成机理，采用 SEM 进行 90d 龄期的建筑固废复合微粉协同水泥粉煤灰稳定再生碎石材料微观结构研究。

4.2 击实特性分析

根据《公路工程无机结合料稳定材料试验规程》(JTG 3441—2024) T 0804—1994 中的击实试验方法，按照丙法采用重型击实试验成型，通过绘制稳定材料的含水量-干密度关系曲线（见图 4-1），可确定出上述正交试验表 4-1 中 9 种试验方案的最佳含水量和最佳干密度，试验结果见表 4-2 和图 4-2。

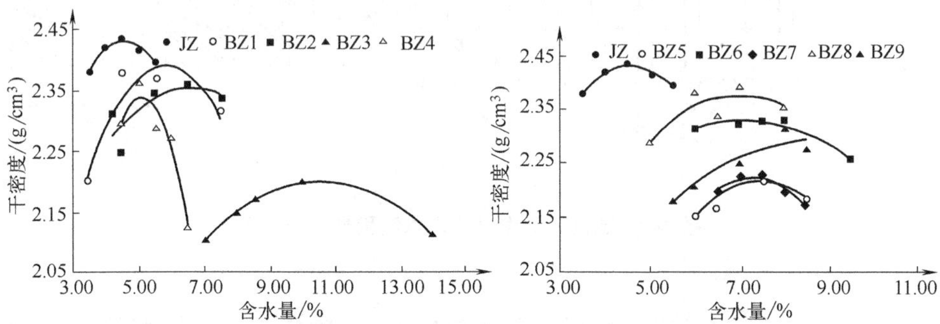

(a) 前四组试样　　(b) 后五组试样

图 4-1　试样含水量-干密度曲线

表 4-2　各方案最大干密度与最佳含水量

试验编号	最大干密度/(g/cm^3)	最佳含水量/%
JZ	2.435	4.50
BZ1	2.414	5.95
BZ2	2.352	6.61
BZ3	2.199	10.58
BZ4	2.336	5.09

续表

试验编号	最大干密度/(g/cm^3)	最佳含水量/%
BZ5	2.219	7.47
BZ6	2.329	7.15
BZ7	2.223	7.31
BZ8	2.376	6.97
BZ9	2.291	8.15

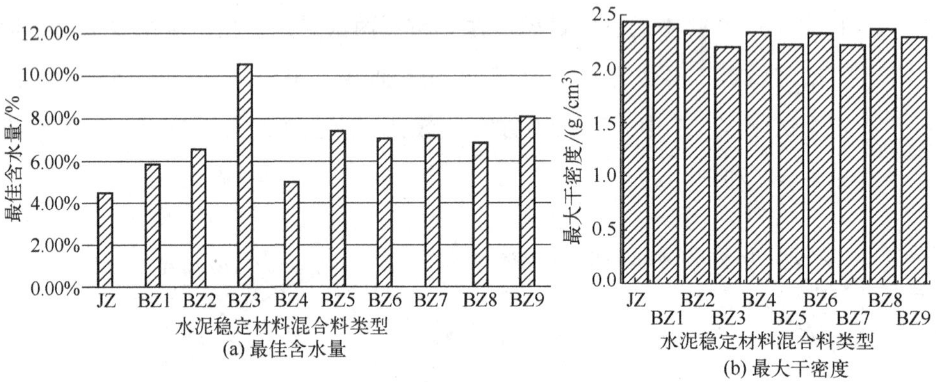

图 4-2 混合料类型最佳含水量和最大干密度

由图 4-1 可知，掺加再生混凝土块、砖块及再生复合微粉后的水泥稳定类材料的干密度均小于基准组，而最佳含水量区间范围逐渐变大，尤其是 BZ3 试样变化幅度最为显著。为了得到最佳含水量，选取 7%～14%含水量进行重型击实试验，可确定出 BZ3 式样的最佳含水量为 10.58%，为所有试验组最大值，而其干密度为 2.199，为所有试验样品的最小值。另外，击实试验前对所有试样进行闷料，在建筑固废掺量很大，尤其含水量在 7.0%以上时，加水拌和时、闷料 1h、闷料 2h 后的状态有很大差异，同时击实后试样底部存在相当部分量的自由水。

由表 4-2 和图 4-2 (a) 可知，与基准试件相比，掺入再生复合粉体材料和再生集料后，水泥稳定碎石混合料试件最佳含水量增大，这主要是因为再生复合粉体材料和再生集料具有一定吸水性，且再生砖块、废弃混凝土块的吸水率均大于天然集料，掺入建筑固废后增大了水泥稳定碎石混合料的最佳含水率。与其他组试样相比，BZ3 试样最佳含水量为10.58%，为所有试样样品中的最大值，而 BZ3 试样中再生复合微粉替代水泥的掺量为 20%，再生集料中粒径为 2.36～4.75mm、4.75～9.5mm 的两档集料全部由建筑固废（砖和混凝土）组成；BZ9 试样中再生复合微粉替代水泥掺量由 20%增长到 60%，粗集料（4.75～9.5mm）替代量由100%降为 40%时，最佳含水量降低幅度为 29.82%；而 BZ5 试样中再生复合微粉替代水泥掺量由 20% 增长到 40%，细集料（2.36～4.75mm）替代量由 100% 降为 40% 时，最佳含水量降低幅度为41.63%，两者共同说明集料对水泥稳定再生碎石混合料含水量的影响比再生复合粉体材料显著，且粗集料对最佳含水量的影响大于细集料。

由表 4-2 和图 4-2（b）可知，与基准试件相比，掺入再生复合粉体材料和再生集料后，水泥稳定碎石混合料试件最大干密度减小，与最佳含水量相比，最佳干密度变化幅度不太显著，最大降低幅度为 9.69%。BZ3 试样最大干密度为所有试样中最小值，为 2.199g/cm^3，BZ6 试样中建筑固废复合微粉替代量由 20%增长到 40%，粗集料替代量由 100%降低为 20%时，最大干密度相对 BZ3 增大了 8.78%，而 BZ9 试样中再生复合微粉替代水泥掺量由 20%增长到 60%，粗集料含量由 100%降低到40%时，最大干密度相对 BZ3 增大幅度为 4.18%，两者共同说明再生复合微粉可以有效改善水泥稳定再生碎石混合料的密实度，进而可提高水泥稳定再生混合料试件的最大干密度。

4.3 力学特性分析

根据上述击实试验结果确定的最佳含水量，采用重型击实试验方法成型水泥稳定再生碎石混合料试件［见图 4-3（a)]，按照《公路工程无机结合料稳定材料试验规程》(JTG 3441—2024）T 0805—2024 中无侧限抗压强度试验方法评价其力学性能［见图 4-3（b)]，按照静压成型方法制作中梁试件［见图 4-3（c)、（d)]，按照《公路工程无机结合料稳定材料试验规程》(JTG 3411—2024）中 T 0851—2009 的抗弯拉强度试验方法评价其弯拉强度。

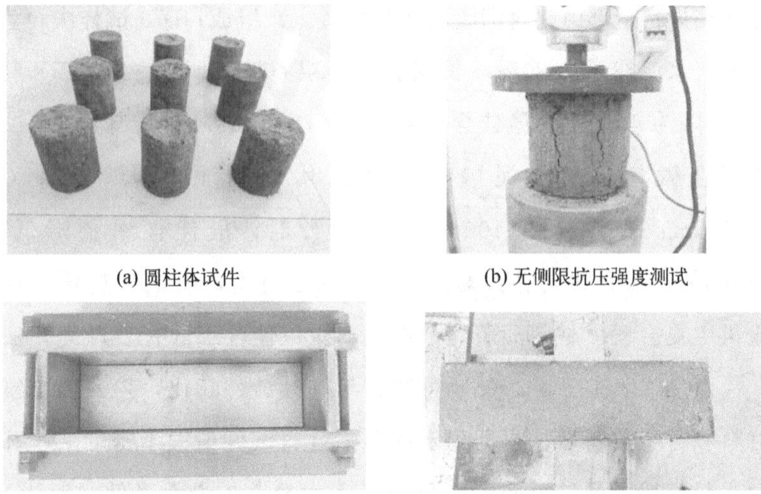

(a) 圆柱体试件　(b) 无侧限抗压强度测试

(c) 中梁试模　(d) 中梁试件

图 4-3　试件、测试、试模

4.3.1　无侧限抗压强度

测得的 9 组试样 7d、28d 无侧限抗压强度见表 4-3 和表 4-5，且试样变异系数均满足要求，进一步利用方差分析定量评价影响因素对抗压强度的影响程度，结果见表 4-4 和表 4-6。另规定某因素 F 值大于 99.0 为高度显著因素，某因素 F 值属于［19.0，99.0］为显著因素，某因素 F 值小于 9.0 为非显著因素。

一般来说，极差 R_j 不相等，说明各因素水平改变时对试验结果的影响程度是不同的，极差 R_j 越大，说明因素水平改变时，试验结果受因素水平改变的影响越大。由表 4-3 可知再生复合微粉掺量、细集料

表 4-3 正交试验试件养护 7d 力学性能极差分析

编号	影响因素				试验指标
	再生复合微粉（A）/%	2.36～4.75mm 再生细集料（B）/%	4.75～9.5mm 再生粗集料（C）/%	空白（D）/%	强度/MPa
1	20	20	20	1	y_1= 8.20
2	20	40	40	2	y_2= 8.05
3	20	100	100	3	y_3= 7.20
4	40	20	40	3	y_4= 8.49
5	40	40	100	1	y_5= 7.60
6	40	100	20	2	y_6= 8.10
7	60	20	100	2	y_7= 7.72
8	60	40	20	3	y_8= 8.16
9	60	100	40	1	y_9= 7.96
K_{1j}	23.45	24.41	24.46	23.76	T= 71.48 $\overline{y}$= 7.94
K_{2j}	24.19	23.81	24.50	23.87	
K_{3j}	23.84	23.26	22.52	23.85	
$\overline{K}_{1j}$	7.817	8.137	8.153	7.920	
$\overline{K}_{2j}$	8.063	7.937	8.167	7.957	
$\overline{K}_{3j}$	7.947	7.753	7.507	7.950	
R_j	0.246	0.384	0.660	0.037	
因素主到次		C> B> A			
优方案		C_2-B_1-A_2			

（粒径 2.36～4.75mm）固废掺量、粗集料（粒径 4.75～9.5mm）固废掺量对再生复合微粉-水泥稳定再生碎石混合料抗压强度的影响主次顺序为粗集料（粒径 4.75～9.5mm）＞细集料（粒径 2.36～4.75mm）＞再生复合微粉，这主要是因为水泥稳定再生碎石混合料为骨架密实型结构，粗集料在压实混合料中有一定的“骨架”作用。与基准试件相比，粗集料（粒径 4.75～9.5mm）和细集料（粒径 2.36～4.75mm）完全替代天然集料相同粒径后，抗压强度降低幅度最大，值为 7.20MPa，降幅为

20.88%，而再生复合微粉替代水泥掺量为60%，粗、细集料固废替代量为20%、40%时，抗压强度为8.16MPa，降幅为10.32%，这说明再生复合微粉一方面具有早期活性，另一方面再生复合微粉颗粒具有填充作用，能够发挥微集料效应，改善不同材料组成级配，进而提高建筑固废复合微粉协同水泥粉煤灰稳定再生碎石混合料试样的抗压强度。

根据上述影响因素与抗压强度评价指标之间的关系，按照抗压强度降低不超过10%，并最大限度利用建筑固废材料的原则，选择每个影响因素K_{1j}、K_{2j}、K_{3j}中的最大值水平，作为最优方案组合。即再生固废复合微粉替代水泥掺量40%、细集料（粒径2.36～4.75mm）替代天然集料掺量20%、粗集料（粒径4.75～9.5mm）替代天然集料掺量40%。

表4-4　7d龄期方差分析表

试验指标	方差来源	平方和	DF	均方和	F值	$F_{1-a}(2,2)$	显著性
抗压强度	再生复合微粉（A）	0.091	2	0.0455	45.500	$F_{1-0.01}(2,2)$=99.00	*
	2.36～4.75mm再生细集料（B）	0.221	2	0.1105	110.500		* *
	4.75～9.5mm再生粗集料（C）	0.854	2	0.427	427.000		* *
	误差	0.002	2	0.001			

查F分布表（参考数据分析相关资料），得$F_{1-0.01}(2,2)=99.0$，$F_{1-0.05}(2,2)=19.0$，$F_{1-0.10}(2,2)=9.0$，由表4-4可知，在7d无侧限抗压强度中$F_{1-0.05}(2,2)=19.0<F_A=45.50<F_{1-0.01}(2,2)=99.0$，故再生复合微粉因素对试验结果显著影响，$F_B=110.50>F_{1-0.01}(2,2)=99.0$，再生混合型细集料对试验结果的影响高度显著，$F_C=427.000>F_{1-0.01}(2,2)=99.0$，再生混合型粗集料对试验结果的影响高度显著，且混合型再生粗集料的影响程度大于混合型再生细集料，方差分析结果与极差分析一致。

表 4-5 正交试验试件养护 28d 力学性能极差分析

编号	影响因素				试验指标
	再生复合微粉（A）/%	2.36～4.75mm 再生细集料（B）/%	4.75～9.5mm 再生粗集料（C）/%	空白（D）/%	强度/MPa
1	20	20	20	1	y_1= 9.20
2	20	40	40	2	y_2= 8.92
3	20	100	100	3	y_3= 8.22
4	40	20	40	3	y_4= 9.50
5	40	40	100	1	y_5= 8.85
6	40	100	20	2	y_6= 9.10
7	60	20	100	2	y_7= 8.52
8	60	40	20	3	y_8= 8.86
9	60	100	40	1	y_9= 8.66
K_{1j}	26.34	27.22	27.08	26.71	T= 79.83 $\overline{y}$= 8.87
K_{2j}	27.45	26.63	27.16	26.54	
K_{3j}	26.04	26.08	25.59	26.58	
$\overline{K}_{1j}$	8.780	9.073	9.027	8.903	
$\overline{K}_{2j}$	9.150	8.876	9.053	8.847	
$\overline{K}_{3j}$	8.680	8.660	8.530	8.860	
R_j	0.470	0.413	0.523	0.056	
	因素主到次	C> A> B			
	优方案	C_2-A_2-B_1			

比较表 4-3 和表 4-5 的结果可知，随着养护龄期的增长，9 组试样的抗压强度逐渐增大，最大增幅 16.45%，最小增幅 8.58%，且所有试样结果均满足《公路沥青路面设计规范》（JTG D50—2017）中水泥稳定类基层抗压强度的要求。根据极差越大，该因素的水平改变对试验结果的影响越大，三种因素对试验结果的影响次序由 C>B>A 转化为 C>A>B，这说明再生粗集料（C）对试验结果影响最大，且不随养护时间的变化而变化，而再生复合微粉（A）和再生细集料（B）随着养护时间的延

长由B>A转化为A>B，这说明再生复合微粉具有一定的火山灰效应。为了进一步定量评价上述三种因素对试验结果的影响程度，利用方差分析法进行计算，结果见表4-6。

表4-6 28d龄期方差分析表

试验指标	方差来源	平方和	DF	均方和	F值	$F_{1-a}(2,2)$	显著性
抗压强度	再生复合微粉（A）	0.426	2	0.213	142.000	$F_{1-0.01}(2,2)$=99.00	**
	2.36~4.75mm再生细集料（B）	0.217	2	0.1085	72.333		*
	4.75~9.5mm再生粗集料（C）	0.560	2	0.2800	186.667		**
	误差	0.003	2	0.0015			

查F分布表，得$F_{1-0.01}(2,2)=99.0$，$F_{1-0.05}(2,2)=19.0$，$F_{1-0.10}(2,2)=9.0$，由表4-6可知，在28d无侧限抗压强度中，$F_A=142.000>F_{1-0.01}(2,2)=99.0$，故再生复合微粉因素对试验结果影响高度显著，$F_{1-0.01}(2,2)=99.0<F_B=72.333<F_{1-0.01}(2,2)=99.0$，再生混合型细集料对试验结果有显著影响，$F_C=186.667>F_{1-0.01}(2,2)=99.0$，再生混合型粗集料对试验结果的影响高度显著，方差分析结果与极差分析一致。比较表4-4和表4-6可知，A因素的F值变大，这说明随着养护时间的延长，再生复合微粉（A）因素的二次水化效应在后期逐渐发挥出来，而B因素和C因素的F值变小，A因素由显著转化为高度显著，B因素由高度显著转化为显著。由表4-3～表4-6综合分析可知，无论养护时间长短，建筑固废复合微粉协同水泥粉煤灰稳定再生碎石混合料的最优方案为C_2-B_1-A_2。

4.3.2 抗弯拉强度

测得的9组试样90d抗弯拉强度数值结果见表4-7，其中基准组水泥稳定碎石混合料90d抗弯拉强度为4.75MPa，在所有测试样品变异系数均满足规范要求的同时进一步利用方差分析定量评价各影响因素对抗弯拉强度的影响程度，结果见表4-8。另规定某因素F值大于99.0为高度显著因素，某因素 F 值属于［19.0，99.0］为显著因素，某因素 F 值小于 9.0 为非显著因素。

表 4-7　正交试验试件养护 90d 抗弯拉强度极差分析

编号	影响因素				试验指标
	再生复合微粉（A）/%	2.36～4.75mm 再生细集料（B）/%	4.75～9.5mm 再生粗集料（C）/%	空白（D）/%	强度/MPa
1	20	20	20	1	y_1= 2.38
2	20	40	40	2	y_2= 2.32
3	20	100	100	3	y_3= 1.91
4	40	20	40	3	y_4= 3.55
5	40	40	100	1	y_5= 3.21
6	40	100	20	2	y_6= 3.33
7	60	20	100	2	y_7= 2.06
8	60	40	20	3	y_8= 2.22
9	60	100	40	1	y_9= 2.15
K_{1j}	6.54	7.96	7.93	7.74	T= 23.13 $\overline{y}$= 2.57
K_{2j}	10.06	7.68	7.89	7.71	
K_{3j}	6.40	7.36	7.18	7.68	
$\overline{K}_{1j}$	2.203	2.663	2.643	2.580	
$\overline{K}_{2j}$	3.363	2.583	2.673	2.570	
$\overline{K}_{3j}$	2.143	2.463	2.393	2.560	
R_j	1.220	0.200	0.280	0.020	
因素主到次	A> C> B				
优方案	A_2-C_2-B_1				

由表 4-7 可知，9 组试样的抗弯拉强度均小于基准试件，最小降幅 25.26%，最大降幅 59.79%，但所有试样均满足《公路沥青路面设计规范》（JTG D50—2017）中水泥稳定粒料的要求（1.5～2.0MPa），在三个影响因素中，再生复合微粉（A）因素极差最大，其次是再生混合型细集料（B）因素和再生混合型粗集料（C）因素，空白列（D）极差最

表 4-8　90d 抗弯拉强度方差分析表

试验指标	方差来源	平方和	DF	均方和	F 值	$F_{1-a}(2,2)$	显著性
抗弯拉强度	再生复合微粉（A）	5.676	2	2.838	2838.000	$F_{1-0.01}(2,2)$=99.00	**
	2.36～4.75mm 再生细集料（B）	0.122	2	0.061	61.000		*
	4.75～9.5mm 再生粗集料（C）	0.284	2	0.142	142.000		**
	误差	0.0006	2	0.0003			

小，根据极差越大，因素水平改变对试验结果的影响越大，因此各因素主次顺序为 A>C>B，规范要求基层抗弯拉强度越大越好，以抵抗车辆荷载作用下所产生的弯拉应力，所以建筑固废复合微粉协同水泥粉煤灰稳定再生碎石混合料的最优方案为 A_2-B_1-C_1。

由表 4-8 可知，在 90d 抗弯拉强度中，$F_A=2838.000>F_{1-0.01}(2,2)=99.0$，故再生复合微粉因素对试验结果影响高度显著，这是因为再生复合微粉具有火山灰效应，改善了水泥水化产物的组成，优化了水泥-集料的界面过渡区。$F_C=142>F_{1-0.01}(2,2)=99.0$，且 $F_C<F_A$，这说明再生混合型粗集料因素为高度显著，但其显著性低于再生复合微粉，而 $F_{1-0.05}(2,2)=19.0<F_B=61.000<F_{1-0.01}(2,2)=99.0$，说明再生混合型细集料对试验结果有显著影响，但影响程度次于再生复合微粉和再生混合型粗集料，上述方差分析结果与极差分析一致。

4.3.3　抗压回弹模量分析

按照《公路工程无机结合料稳定材料试验规程》(JTG 3441—2024) 中的 T 0808—1994 的顶面法获得 9 组建筑固废复合微粉协同水泥粉煤灰稳定再生碎石混合料试样加载板压力 P 和回弹变形 l，再测定试样高度 h，即可利用式 (4-1) 计算试样抗压回弹模量 E_c，结果见表 4-9，其中测得基准组水泥稳定碎石混合料 90d 抗压回弹模量为 2850MPa，在所有测试样品中，同一组试样所测得的变异系数均满足规范要求，同时进一步利用方差分析定量评价各影响因素对抗压回弹模量的影响程度，结果见表 4-10。查 F 分布表，可确定出 $F_{1-0.01}(2,2)=99.0$，$F_{1-0.05}(2,2)=19.0$，$F_{1-0.10}(2,2)=9.0$，另规定某因素 F 值大于 99.0 为高度显著因素，某因素 F 值属于［19.0，99.0］为显著因素，某因素 F 值小于 9.0 为非显著因素。

$$E_c=\frac{Ph}{l} \tag{4-1}$$

表 4-9　正交试验试件养护 90d 抗压回弹模量极差分析

编号	影响因素				试验指标
	再生复合微粉（A）/%	2.36～4.75mm 再生细集料（B）/%	4.75～9.5mm 再生粗集料（C）/%	空白（D）/%	强度/MPa
1	20	20	20	1	$y_1=2362$
2	20	40	40	2	$y_2=2318$
3	20	100	100	3	$y_3=1974$
4	40	20	40	3	$y_4=2594$
5	40	40	100	1	$y_5=2289$
6	40	100	20	2	$y_6=2333$
7	60	20	100	2	$y_7=2223$
8	60	40	20	3	$y_8=2350$
9	60	100	40	1	$y_9=2292$
K_{1j}	6654.00	7179.000	7044.999	6942.999	$T=20736.52$ $\overline{y}=2304.05$
K_{2j}	7215.999	6957.000	7203.999	6873.999	
K_{3j}	6864.999	6599.001	6486.000	6918.000	
$\overline{K}_{1j}$	2218.000	2393.000	2348.333	2314.333	
$\overline{K}_{2j}$	2405.333	2319.000	2401.333	2291.333	
$\overline{K}_{3j}$	2288.333	2199.667	2162.000	2306.000	
R_j	187.333	193.333	239.333	23.000	
因素主到次	C>B>A				
优方案	C_2-B_1-A_2				

表 4-10 方差分析表

试验指标	方差来源	平方和	DF	均方和	F 值	$F_{1-a}(2,2)$	显著性
回弹模量	再生复合微粉（A）	5.676	2	2.838	66.043	$F_{1-0.01}(2,2)=$ 99.00	*
	2.36～4.75mm 再生细集料（B）	0.122	2	0.061	70.179		*
	4.75～9.5mm 再生粗集料（C）	0.284	2	0.142	116.537		* *
	误差	0.0006	2	0.0003			

由表 4-9 可知，9 组试样的抗压回弹模量均小于基准试件，最小降幅 8.98%，最大降幅 30.74%，在三个影响因素中，再生混合型粗集料（C）因素极差最大，其次是再生混合型细集料（B）因素和再生复合微粉（A）因素，空白列（D）极差最小，根据极差越大，因素水平改变对试验结果的影响越大，因此各因素主次顺序为 A>C>B，抗压回弹模量的大小与组成材料的成分密切相关，对于骨架密实型水泥稳定再生混合料而言，细集料“临界”于粗集料形成骨架的空隙中，而再生复合微粉协同水泥发挥黏结料和微集料效应，三者共同作用使水泥稳定再生混合料抗压回弹模量值降低不显著。因此根据正交试验测试结果，建筑固废复合微粉协同水泥粉煤灰稳定再生碎石混合料的最优方案为 A_2-B_1-C_2。

由表 4-10 可知，在 90d 回弹模量中，$F_C=116.537>F_{1-0.01}(2,2)=99.0$，故再生混合型粗集料因素对试验结果的影响高度显著，这是因为再生混合型粗集料形成水泥稳定再生碎石混合料骨架结构，可有效抵抗荷载反复作用，增强其刚度。$F_{1-0.05}(2,2)=19.0<F_A=66.043<F_B=70.179<F_{1-0.01}(2,2)=99.0$，说明再生混合型细集料对试验结果比再生复合微粉的影响更显著，但影响程度次于再生混合型粗集料，再生混合型细集料和再生复合微粉“临界”于粗集料形成的骨架，避免发生应力集中现象，上述方差分析结果与极差分析一致。

4.3.4 干缩性能评价

建筑固废复合微粉协同水泥粉煤灰稳定再生碎石混合料经拌和压实后，由于再生砖和混凝土类材料吸水率大，伴随着水分蒸发，发生由表及里的干燥收缩，描述材料干缩特性的指标主要有失水率、干缩应变、干缩系数、干缩量等。根据已有研究成果[40,42-44]，随着养护龄期的逐渐延长，失水率、干缩应变、干缩系数逐渐趋于稳定，尤其是在养护龄期为 28d 时变化最为显著，且失水率和干缩应变是计算其他指标的基础。因此，本书采用干缩应变指标评价建筑固废复合微粉协同水泥粉煤灰稳定再生碎石混合料的干缩性能。

本书采用《公路工程无机结合料稳定材料试验规程》（JTG 3441—2024）中 T 0854—2024 中的方法评定上述九种试样的干缩应变 ξ，计算公式见式（4-2）、式（4-3），其中 l 为试件原长，$x_{i,j}$ 为第 i 次测试时第 j 个千分表的读数，δ_i 为第 i 次观测的干缩量。首先，将养护 7d 的试样放置于水泥干燥收缩箱中（见图 4-4），试验条件设定为温度 20℃±1℃，相对湿度为 60%±5%，利用收缩膨胀仪测定试样在 28d 时的收缩量（见图 4-5、图 4-6），其中基准试件失水率和干缩应变分别为 1.65% 和 58.218×10^{-6}，而上述正交试验表中所有试样的干缩应变 ξ 的计算结果见表 4-11。为了进一步定量评价各影响因素对干缩应变的影响程度，采用方差分析法进行评定，结果见表 4-12，规定某因素 F 值大于 99.0 为高度显著因素，属于［19.0，99.0］区间为显著因素，小于 9.0 时为非显著因素。

$$\delta_i=\frac{\sum_{j=1}^{4}x_{i,j}-\sum_{j=1}^{4}x_{i+1,j}}{2} \tag{4-2}$$

$$\xi_i=\frac{\delta_i}{l} \tag{4-3}$$

图 4-4　干燥收缩箱

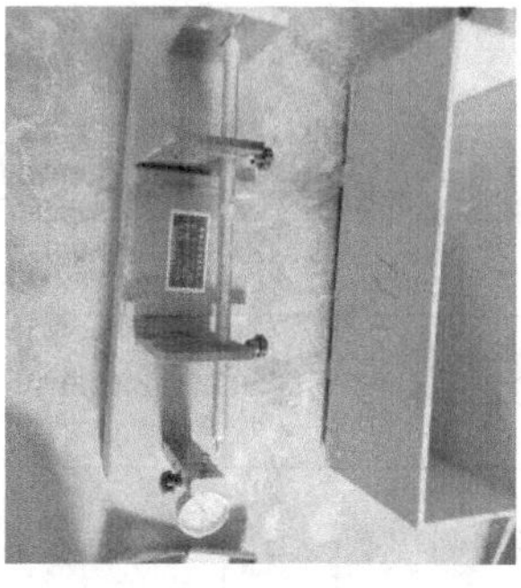

图 4-5　收缩膨胀仪

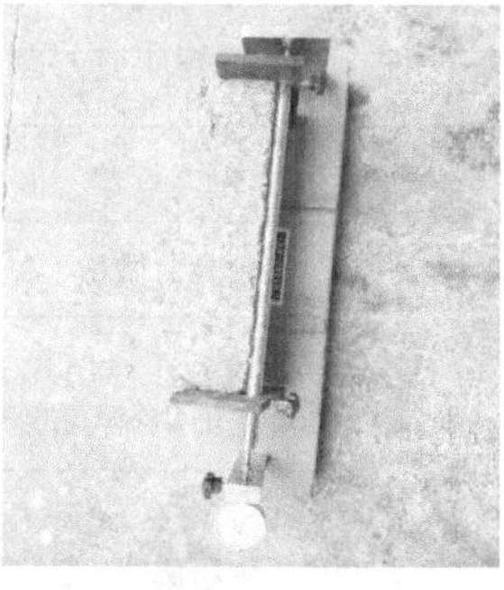

图 4-6　安装试样

表 4-11　正交试验试件养护 28d 干缩应变极差分析

编号	影响因素				试验指标
	再生复合微粉（A）/%	2.36～4.75mm 再生细集料（B）/%	4.75～9.5mm 再生粗集料（C）/%	空白（D）/%	干缩应变/（$\times10^{-6}$）
1	20	20	20	1	y_1= 46.989
2	20	40	40	2	y_2= 69.849
3	20	100	100	3	y_3= 192.425
4	40	20	40	3	y_4= 42.024
5	40	40	100	1	y_5= 168.895
6	40	100	20	2	y_6= 136.893
7	60	20	100	2	y_7= 119.851
8	60	40	20	3	y_8= 94.912
9	60	100	40	1	y_9= 129.876
K_{1j}	309.264	208.863	278.793	345.759	
K_{2j}	347.811	333.657	241.749	326.592	
K_{3j}	344.64	459.195	481.170	329.361	
$\overline{K}_{1j}$	103.088	69.621	92.931	115.253	
$\overline{K}_{2j}$	115.937	111.219	80.583	108.864	T= 1001.714 $\overline{y}$= 111.302
$\overline{K}_{3j}$	114.880	153.065	160.390	109.787	
R_j	12.849	83.444	79.807	6.389	
因素主到次　B> C> A					
优方案　B_1-C_2-A_2					

表 4-12　28d 干缩应变方差分析表

试验指标	方差来源	平方和	DF	均方和	F 值	$F_{1-a}(2,2)$	显著性
	固废复合微粉（A）	4610.568	2	2305.284	32.219		*
	2.36～4.75mm 再生细集料（B）	22888.432	2	11444.216	159.947	$F_{1-0.01}(2,2)$= 99.00	* *
干缩应变	4.75～9.5mm 再生粗集料（C）	22144.816	2	11072.408	154.478		* *
	误差	143.100	2	71.55			

由表 4-11 可知，在 9 组试样的干缩应变值中，编号 1 和编号 4 的干缩应变值小于基准试件，最大降幅 27.82%，且编号 4 的干缩应变值小于编号 1，这说明添加混合型再生粗集料和再生复合微粉可以有效改善水泥稳定再生碎石的抗裂性能，而其余试件干缩应变值大于基准试件，最大增幅 69.75%。编号 3 试样的干缩应变值达 192.425×10^{-6}，编号 1 试样干缩应变值为 46.989×10^{-6}，比编号 3 试样的干缩应变值减小 75.58%，而编号 5 试样的干缩应变值为 168.895×10^{-6}，比编号 3 试样的干缩应变值减小 12.23%，比编号 1 试样增加了 72.17%，编号 3 试样最佳含水量最大，而干缩应变主要发生在失水阶段，编号 5 试样再生复合微粉和细集料掺量为 40%，这一方面说明减少再生细集料掺量和增加复合微粉掺量可以改善水泥稳定再生碎石混合料的干缩应变值，另一方面说明再生混合型粗集料、混合型再生细集料在混合料试样收缩过程中具有明显耦合作用，适当添加混合型再生细集料复合材料可有效改善水泥稳定类材料的干缩性能。

在三个影响因素中，再生混合型细集料（B）因素极差最大，其次是再生混合型粗集料（C）因素和再生复合微粉（A）因素，空白列（D）极差最小，根据极差越大，因素水平改变对试验结果的影响越大，因此各因素主次顺序为 B＞C＞A。干缩应变值的大小与结合料的类型、剂量、被稳定材料的类别、试样含水率等因素密切相关。结合已有研究成果[29,40,42]，再生复合微粉可以发挥微集料和填充效应，能有效提高试件密实度和强度，进而提高试件抵抗收缩变形的能力，而再生混合型细集料由于粒径较小，吸水率大，对试样抵抗收缩变形的能力不利，因此根据正交试验测试极差分析可知，建筑固废复合微粉协同水泥粉煤灰稳定再生碎石混合料的最优方案为 B_1-C_2-A_2。

由表 4-12 可知，在 28d 干缩应变中，$F_B=159.947>F_C=154.478>F_{1-0.01}(2,2)=99.0$，故再生混合型细集料和混合型再生粗集料因素对试验结果的影响高度显著，且混合型再生细集料的影响程度大于混合型再生粗集料，而 $F_{1-0.05}(2,2)=19.0<F_A=32.219<F_{1-0.01}(2,2)=99.0$，根据相关研究成果可知[42]，再生复合微粉和混合型再生细集料组成的浆体可有效填充于粗集料形成的骨架结构的空隙中，因此两者的

综合作用是引起建筑固废复合微粉协同水泥粉煤灰稳定再生碎石基层力学性能提升的主要原因，上述方差分析结果与极差分析基本一致。

4.3.5 抗冻性能评价

河南省省道S312郑州境改建工程郑汴交界处Ⅲ标段，所在地年平均温度14.4℃，一月份温度最低，平均温度0.1℃，极端低温为−16.3℃；7月份气温最高，平均为27℃，最高平均温度31.8℃，极端高温为42.3℃。根据《公路工程无机结合料稳定材料试验规程》（JTG 3441—2024）T 0858—2009中冻融试验方法评价建筑固废复合微粉协同水泥粉煤灰稳定再生碎石混合料的抗冻性能，试验条件为标准养生28d后，冻融循环5次，按照式（4-4）计算经过5次冻融循环后，建筑固废复合微粉协同水泥粉煤灰稳定再生碎石混合料抗压强度损失BDR值，上述正交试验表中所有试样的抗压强度损失BDR值，见表4-13。查F分布表，可确定出$F_{1-0.01}(2,2)=99.0$，$F_{1-0.05}(2,2)=19.0$，$F_{1-0.10}(2,2)=9.0$，另规定某因素F值大于99.0为高度显著因素，属于[19.0，99.0]为显著因素，小于9.0为非显著因素，上述三种影响因素的方差分析结果，见表4-14。

$$\mathrm{BDR}=\frac{R_{\mathrm{DC}}}{R_{\mathrm{C}}}\times 100\% \tag{4-4}$$

式中，BDR是经n次冻融循环后试件的抗压强度损失，%；R_{DC}是n次冻融循环后抗压强度，MPa；R_{C}是对比试件的抗压强度，MPa。

水泥稳定类材料抗冻性能主要与试样内部的孔隙和吸水率有密切关系，经过5次冻融循环后试样的抗压强度损失BDR值越大，说明再生复合微粉协同水泥稳定再生碎石混合料的抗冻性能越强，经测试基准试样的BDR值为97.18%。由表4-13可知，所有测试试样的BDR值均小于基准试样，最大降幅11.63%，这是因为混合型再生集料表面空隙多，吸水率大，试件内部存有大量的水分，在冻结过程中会产生较大的膨胀应力，进而造成混合料内部结构的破坏，在融化过程中混合料内部的水分对其结构强度有一定程度的削弱，其中编号4试样与基准试样的BDR

值较为接近，其值为96.28%，9组试样的抗压强度损失BDR值与无侧限抗压强度演化规律一致。

表 4-13 正交试验试件养护 28d 抗冻性能极差分析

编号	影响因素				试验指标
	再生复合微粉（A）/%	2.36~4.75mm 再生细集料（B）/%	4.75~9.5mm 再生粗集料（C）/%	空白（D）/%	BDR /%
1	20	20	20	1	y_1= 92.92
2	20	40	40	2	y_2= 91.25
3	20	100	100	3	y_3= 85.88
4	40	20	40	3	y_4= 96.28
5	40	40	100	1	y_5= 89.03
6	40	100	20	2	y_6= 90.61
7	60	20	100	2	y_7= 89.37
8	60	40	20	3	y_8= 88.59
9	60	100	40	1	y_9= 89.81
K_{1j}	270.051	278.571	272.121	271.761	T= 813.74 $\overline{y}$= 90.42
K_{2j}	275.919	268.869	277.341	271.230	
K_{3j}	267.771	266.301	264.279	270.750	
$\overline{K}_{1j}$	90.017	92.857	90.707	90.587	
$\overline{K}_{2j}$	91.973	89.623	92.447	90.410	
$\overline{K}_{3j}$	89.257	88.767	88.093	90.250	
R_j	2.716	4.090	4.354	0.337	
因素主到次 C> B> A					
优方案 C_2-B_1-A_2					

在上述三个影响因素中，再生混合型粗集料（C）因素极差最大，其次是再生混合型细集料（B）因素和再生复合微粉（A）因素，空白列（D）极差最小。根据极差越大，因素水平改变对试验结果的影响越大，因此各因素主次顺序为C>B>A，抗压强度损失BDR值越大，说明建筑固废复合微粉协同水泥粉煤灰稳定再生碎石混合料的抗冻性越

强，因此最优方案为 C_2-B_1-A_2。

表 4-14 方差分析表

试验指标	方差来源	平方和	DF	均方和	F 值	$F_{1-a}(2,2)$	显著性
抗压强度损失 BDR/%	再生复合微粉（A）	23.572	2	11.786	69.329	$F_{1-0.01}(2,2)$= 99.00	*
	2.36~4.75mm 再生细集料（B）	55.832	2	27.916	164.212		* *
	4.75~9.5mm 再生粗集料（C）	57.618	2	28.809	169.465		* *
	误差	0.34	2	0.17			

由表 4-14 可知，在 5 次冻融循环后的抗压强度损失 BDR 值中，$F_C=169.465>F_{1-0.01}(2,2)=99.0$，$F_B=164.212>F_{1-0.01}(2,2)=99.0$，且 $F_B<F_C$，故再生混合型粗集料对试验结果的影响更显著，这是因为再生混合型粗集料在混合料试样中形成骨架，而再生混合型细集料"临界"于再生粗集料形成的骨架中。再生混合型粗集料密度小，孔隙多，吸水率大，是造成建筑固废复合微粉协同水泥粉煤灰稳定再生碎石混合料抗冻性能下降的主要原因[40]。而 $F_{1-0.05}(2,2)=19.0<F_A=69.329<F_{1-0.01}(2,2)=99.0$，说明再生复合微粉对试验结果有显著影响，再生复合微粉一方面可发挥填充和吸水作用，降低混合料内部孔隙率，另一方面可发挥火山灰效应，消耗水泥水化产物中强度较低 $Ca(OH)_2$[12,42]，上述两方面的作用使得混合料经过冻融循环后，强度降低不是太多，上述方差分析结果与极差分析一致。

4.4 RPBCF 协同水泥稳定再生碎石技术性能机理分析

正交试验极差分析和方差分析结果表明，建筑固废复合微粉协同水泥粉煤灰稳定再生碎石混合料路用性能最优掺配组合为 C_2-B_1-A_2，即混合型再生粗细集料替代天然碎石粗细集料掺量为分别 40%、20%，再生复合微粉替代水泥剂量为 40%。为了进一步分析混合型再生粗集料、混合型再生细集料、再生复合微粉对水泥稳定再生碎石混合料性能影响的机理，本节分别选取了水泥稳定碎石混合料（水泥剂量为 4.5%）、水泥粉煤灰稳定碎石混合料（水泥剂量为 3.5%、粉煤灰剂量为 5%）作为对比试样，观察试样编号为 BZ4 的建筑固废复合微粉协同水泥粉煤灰稳定再生碎石混合料的微观形貌及结构，上述所有试样的养护龄期取为 90d，SEM 试样制备及试验过程可参考 2.2.1 小节。

4.4.1 RPBCF 协同水泥稳定再生碎石微观形貌

图 4-7（a）显示水泥砂浆表面较为疏松，且有部分微细孔，图 4-7（b）和（c）可以看出水泥水化反应产物主要有大量絮状、网状 C-S-H 凝胶、在部分空隙处分布有大量的针状 AFt 晶体，而图 4-7（d）显示界

图 4-7 水泥稳定碎石混合料微观形貌

面处存在较多块状或者片状 $Ca(OH)_2$，水化产物分布不均匀且连接处存在缺陷，这将导致水泥浆体与集料之间的黏结力较差，影响水泥稳定碎石的路用性能。

与图 4-7 相比，图 4-8（a）显示粉煤灰球形颗粒表面包裹一层厚度约为 350nm 的水化产物，成分主要为水化硅酸钙[45]，这使得粉煤灰表面变得粗糙，结构较为致密；图 4-8（b）和（c）显示试样水化反应产物主要为少量片状或六角板状 $Ca(OH)_2$ 晶体、大量网状 C-S-H 凝胶及针状 AFt 晶体；图 4-8（d）显示在试样中存在明显微裂缝，缝宽为 2μm 左右，裂缝处存在多种类型水化反应产物，且分布也不均匀，但与图 4-7（d）相比，在界面处各种水化产物、包裹有凝胶状物质的粉煤灰颗粒相互搭接，可形成有效整体，从而使试样强度得到有效提高，改善收缩性能。

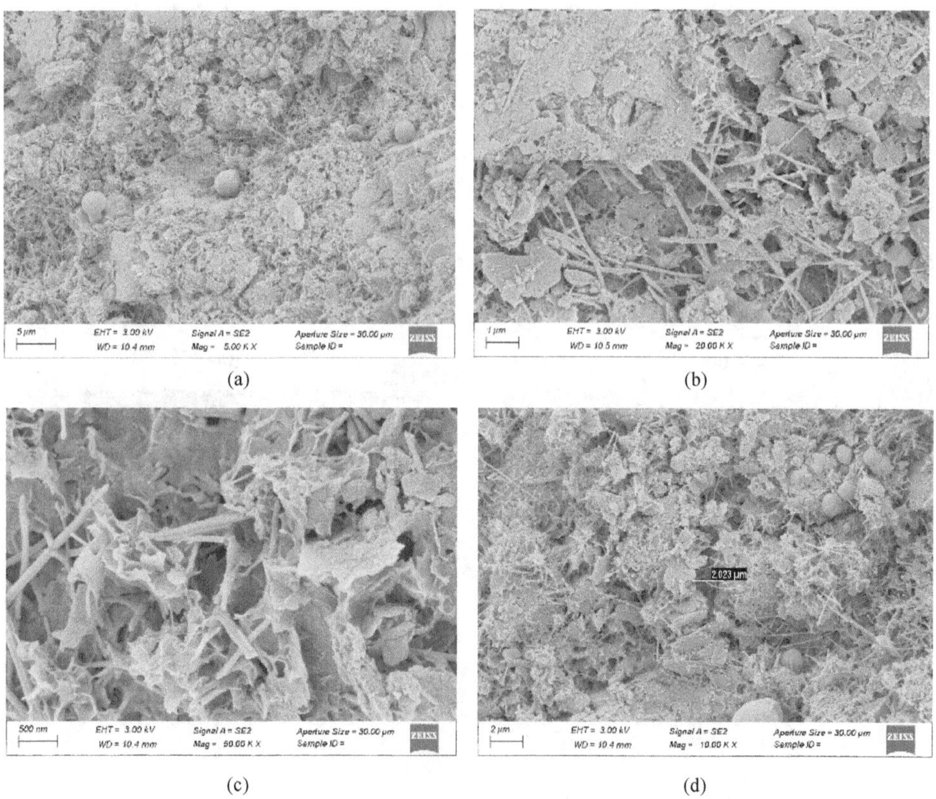

图 4-8　水泥粉煤灰稳定碎石混合料微观形貌

与图 4-7、图 4-8 相比，图 4-9（a）显示建筑固废复合微粉协同水泥粉煤灰稳定再生碎石结构表面形貌较为致密，这说明再生复合微粉发挥了填充效应和级配效应，且再生复合微粉中的再生砖粉、再生混凝土粉、粉煤灰由于颗粒粒径较小可为水泥的水化产物提供强化成核位点[14,33]；图 4-9（b）显示粉煤灰颗粒表面包裹着一层网状 C-S-H 凝胶层，凝胶层会向粉煤灰颗粒内部发展，使得凝胶层厚度逐渐增加；图 4-9（c）和（d）显示再生复合微粉协同水泥稳定碎石混合料内部生成大量网状 C-S-H 凝胶层及针状 AFt 晶体，且水化产物连成一片形成整体，在界面过渡区形成了大量网状 C-S-H 凝胶层，有效改善了界面区骨架结构，这主要是由于再生复合微粉中的再生砖粉、粉煤灰发挥了火山灰效应，而混合型再生粗集料、细集料表面砂浆及再生混凝土粉中残余的 CaO 等成分与水泥水化产物发生了二次水化作用，上述两方面的共

(a) (b) (c) (d)

图 4-9 RPBCF 协同水泥稳定碎石混合料微观形貌

同作用使建筑固废复合微粉协同水泥粉煤灰稳定再生碎石混合料的水化产物结构变得更加密实，使混合料强度得到持续提高，并减少了混合料试样的收缩。上述微观形貌结构进一步证实了建筑固废复合微粉协同水泥粉煤灰稳定再生碎石混合料路用性能提高的内在原因。

4.4.2 水泥石-集料界面过渡区微观结构研究

界面过渡区的微观结构表征主要是微裂缝、孔隙的体积，对水泥稳定类材料的强度或者弹性模量有很大影响[45]。在两相复合材料体系中，过渡区作为水泥砂浆基体与粗集料颗粒之间的纽带，对材料的耐久性能造成不良影响，其中在 SEM 图像中，光滑致密的部分为集料，灰色部分为浆体部分水化产物，见图 4-10（a）和图 4-11（a）。建筑固废复合微粉协同水泥粉煤灰稳定再生碎石混合料路用性能除了与集料级配、胶凝材料的组成等因素有关外，集料与浆体（水泥与再生复合微粉）的界面过渡区特征也是影响路用性能的重要因素。因此，本书选取水泥粉煤灰稳定碎石混合料（水泥剂量为 3.5%、粉煤灰剂量为 5%）作为基准试样，同 BZ4 试样界面过渡区微观形貌进行对比观察，观察龄期为 90d。为了进一步探究界面过渡区的 Ca/Si，选取界面过渡区中点处进行 EDS 能谱分析，探究建筑固废复合微粉-粉煤灰对界面过渡区元素含量的影响。

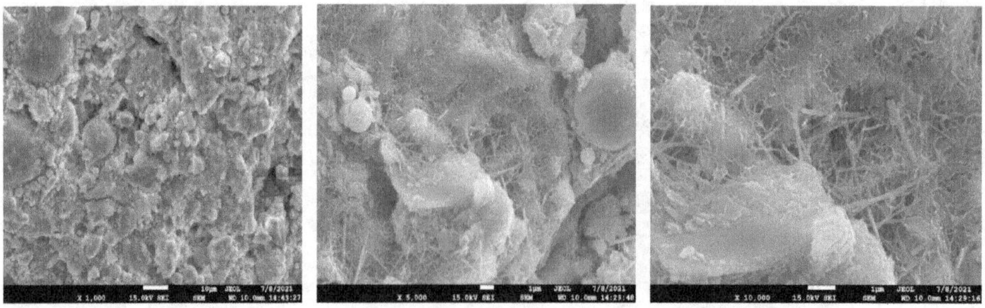

(a) (b) (c)

图 4-10 水泥粉煤灰稳定碎石混合料界面过渡区微观形貌

(a) (b) (c)

图 4-11 RPBCF 协同水泥稳定碎石混合料界面过渡区微观形貌

比较图 4-10 和图 4-11 可知，放大 1000 倍观察两种试样时，微观形貌都存在部分微裂缝，且水泥粉煤灰稳定碎石试样界面过渡区裂缝数量、宽度多（大）于再生复合微粉协同水泥稳定再生碎石。在集料与水泥浆体界面区，图 4-10（a）显示界面区结构较为疏松，且周围存在贯通的微小裂缝，而图 4-11（a）显示界面结构致密，在浆体部分存在微小裂缝，因此建筑固废复合微粉协同水泥粉煤灰稳定再生碎石混合料试样的路用性能优于水泥粉煤灰稳定碎石。由图 4-10（b）、图 4-10（c）和图 4-11（b）、图 4-11（c）可知，90d 龄期时，所有试样微观形貌中都有呈互相连锁的网状 C-S-H 凝胶、针状 AFt 晶体，粉煤灰颗粒表面都附着有 C-S-H 凝胶层，但图 4-11（b）中粉煤灰表面凝胶层厚度较厚，针状 AFt 晶体量多，且存在部分少量的块状的 $Ca(OH)_2$ 晶体，图 4-11（c）中集料周围的水化产物数量和类型多于图 4-10（c），且图 4-11（c）中的孔隙数量和孔径明显少或小于图 4-10（c），上述界面过渡区微观结构说明再生复合微粉与水泥水化产物发生了火山灰效应，提高了界面过渡区的密实度，改善了集料-水泥浆体界面的微观结构，因此建筑固废复合微粉协同水泥粉煤灰稳定再生碎石混合料试样路用性能优于水泥粉煤灰稳定碎石混合料。比较图 4-12（a）和图 4-12（b），结合表 4-15 可知，掺入再生复合微粉后试样的 Ca/Si 降低，降低幅度为 52.83%，这是由于再生复合微粉中再生砖粉、再生混凝土粉的二次水化反应促进了水泥水化，消耗了部分 $Ca(OH)_2$ 晶体，生成了更多的网状 C-S-H 凝胶。结合已有研究成果可知[45-47]，Ca/Si 越低，混合料试样的抗冻性等耐久性能越好，这与建筑固废复合微粉协同水泥粉煤灰稳定再生碎石路用性能一致。

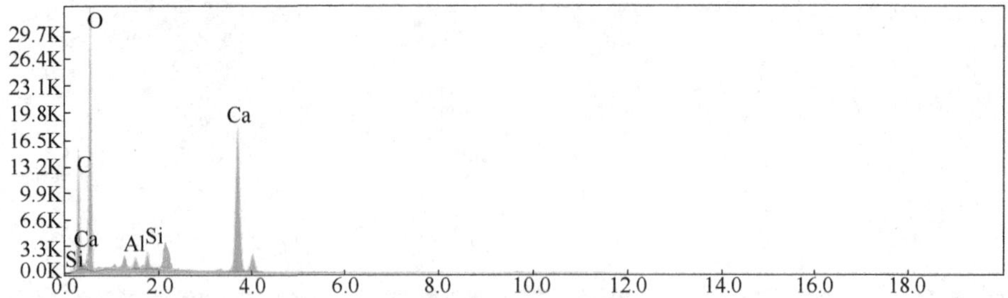

(a) 水泥粉煤灰稳定碎石

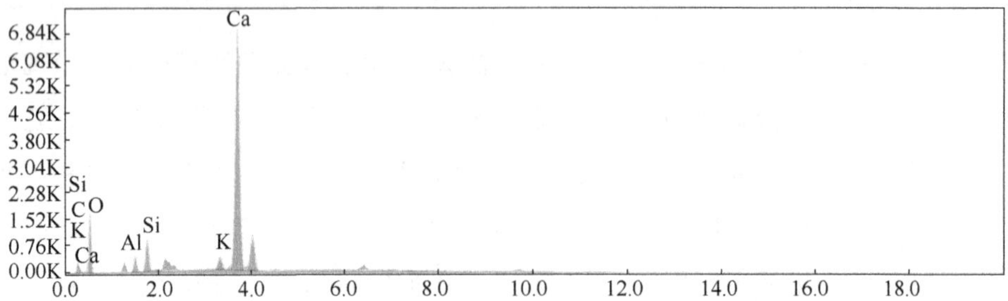

(b) RPBCF协同水泥稳定再生碎石

图 4-12 集料-水泥浆体界面过渡区 EDS 能谱分析

表 4-15 界面过渡区 EDS 测试元素含量分布

元素	水泥粉煤灰浆体-集料		再生复合微粉水泥-集料	
	质量分数/%	原子分数/%	质量分数%	原子分数%
C	11. 40	18. 38	1. 18	2. 77
O	52. 72	63. 80	24. 75	43. 63
Si	1. 33	0. 92	5. 61	4. 88
Al	0. 93	0. 67	1. 65	7. 20
Ca	33. 61	16. 24	66. 88	47. 06

第5章

RPBCF协同水泥稳定全再生碎石基层结构设计

无机结合料稳定材料的刚度介于柔性路面材料和刚性路面材料之间，占我国道路工程基层用量的85%以上。在水泥稳定碎石混合料中掺加部分再生复合微粉（粉煤灰＋建筑固废复合微粉）组成的混合物可以有效促进水泥水化，改善界面黏结性能，有效提高水泥稳定碎石混合料的和易性和后期强度，实现工业废渣和建筑垃圾变废为宝的第一次飞跃。在水泥稳定碎石基层中用砖混建筑垃圾替代全部或者部分天然集料是再生集料与再生复合微粉的一次完美“邂逅”，既有效利用了建筑废弃物，又符合国家绿色发展战略要求。因此，开展建筑固废复合微粉协同水泥粉煤灰稳定全再生碎石基层的研究具有重要的理论意义和实际工程意义。

5.1 基于浆体材料的水泥粉煤灰稳定全再生碎石配合比设计

5.1.1 水泥粉煤灰稳定全再生碎石混合料组成结构分析

从复合材料细观力学理论来看，建筑固废复合微粉协同水泥粉煤灰稳定碎石混合料可看作是一种三级空间网状胶凝结构的分散系，它是以粗集料为分散相而分散在再生复合微粉水泥砂浆介质中的一种粗分散系；同样，再生复合微粉水泥砂浆是以细集料为分散相而分散在水泥再生复合微粉胶浆体介质中的一种细分散系，而胶浆又是以再生复合微粉为分散相而分散在水泥净浆介质中的一种分散系，见图5-1。

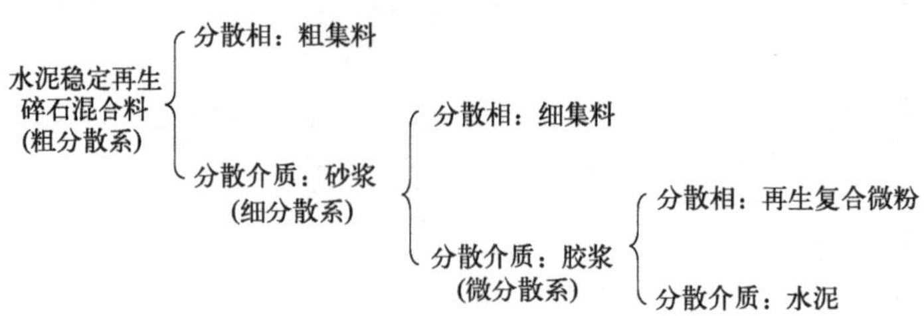

图5-1 水泥浆体理论图解

相关研究成果表明[39,48-51]，水泥稳定碎石混合料的力学强度主要取决于以下三个部分：矿料之间内摩阻力和嵌挤力、水泥砂浆黏结力、矿料与水泥砂浆之间的黏结力[49-51]。因此，水泥砂浆是组成水泥稳定碎石混合料强度的主要因素，其组成结构决定了混合料的相关性能（干缩、温缩性能）；而粗集料等分散相是通过其数量的增减来改变砂浆的模量，进而影响混合料的强度的。

建筑固废复合微粉协同水泥粉煤灰稳定全再生碎石基层的路用性能主要体现在良好的抗裂性能、抗疲劳性能和对干湿作用的低敏感性，这与原材料性能、混合料组成结构、施工条件、养生等因素密切相关[49]。其中，粒料质量分数占整个混合料的95%左右，是水泥稳定碎石混合料组成结构中不可缺少的一部分。因此，确定粒料级配组成也是水泥稳定碎石混合料组成设计中的一个重要内容。然而，天然或人工轧制的一种集料的级配往往很难完全达到最大密实度和强度的要求。

根据压实后水泥稳定碎石混合料中粗集料颗粒间的空隙体积与起填充作用的细集料的体积之间的关系，可将水泥稳定碎石混合料分为悬浮密实型结构、骨架密实型结构及骨架空隙型结构。结合《公路沥青路面设计规范》（JTG D50—2017）中对三种类型结构进行设计参数和性能分析可确定出以下主要结论：

① 在水泥用量、养生条件相同时，骨架密实结构的设计参数（抗压强度、抗压回弹模量）最大，其次是悬浮密实型，骨架空隙型最小，而劈裂强度排序是悬浮密实型＞骨架密实型＞骨架空隙型。

② 在－15～55℃范围内，性能设计参数（平均温缩系数、平均干缩系数）的排序是悬浮密实型＞骨架密实型＞骨架空隙型。

③ 当强度相当时，三种结构类型的抗冲刷能力排序是骨架空隙型＞骨架密实型＞悬浮密实型。

5.1.2 RPBCF协同水泥稳定全再生碎石混合料组成设计

（1）集料级配

本书以河南省S312郑州境改建工程（郑汴交接至G107东移段Ⅲ标

段）路面工程为背景，该标段路面基层为 36cm 厚的水泥稳定碎石基层，水泥剂量为 4.5%，结构类型为骨架密实型，所采用的级配范围见表 5-1，设计说明强调施工中应检验骨架密实型水泥稳定碎石混合料是否发生离析，如果发生离析，级配曲线宜往中值偏上移动，合成的级配曲线见图 3-1，通过重点控制 9.5mm、4.75mm 筛孔通过率，保证级配曲线为“S”形，另外可减少通过 0.075mm 筛孔的集料量，达到有效提高基层抗裂和抗冲刷性能的目标，设计要求水泥稳定碎石混合料 7d 无侧限抗压强度不小于 7.0MPa，压实度不小于 98%。

表 5-1　基层集料级配表

筛孔尺寸/mm	26.5	19	9.5	4.75	2.36	1.18	0.6	0.3	0.15	0.075
规范上限/%	100	86	62	45	31	22	15	10	7	5
规范下限/%	100	82	53	35	22	13	8	5	3	2
中值/%	100	84	57.5	40	26.5	17.5	11.5	7.5	5	3.5
基层/%	100	82.8	58.05	36.0	26.7	19.7	12.6	8.0	5.3	3.0

（2）再生复合微粉与水泥比例研究

根据第 2 章再生复合微粉协同水泥粉煤灰稳定砂浆力学性能试验已确定出的试验成果可知，再生复合微粉是由再生砖粉、再生混凝土粉、粉煤灰按照 3∶2∶5 的质量比并加入一定量的激发剂组成的一种混合物，再生复合微粉具有一定活性，探究再生复合微粉与水泥之间的最佳比例，使再生复合微粉与水泥的物理化学性能均得到充分发挥具有重要的工程应用价值，结合基于火山灰效应的再生复合微粉活性评价的研究成果，在最佳含水量条件下可确定出再生复合微粉与水泥的最佳比例为 1∶3，再生复合微粉替代水泥最大掺量不超过 35%。

根据第 4 章基于正交试验的再生复合微粉协同水泥粉煤灰稳定再生碎石基层路用性能研究成果可知，再生复合微粉替代水泥剂量为 40% 时，水泥稳定再生碎石基层路用性能最佳，即再生复合微粉与水泥的最佳比例为 2∶3。因此为了进一步确定再生复合微粉与水泥之间的比例，固定碎石集料含量为 95.5%，碎石级配采用 S312 郑州境改建工程基层级配值；再生复合微粉水泥总剂量为 4.5%，变化再生复合微粉与水泥之间的相对比例，再生复合微粉：水泥＝1.2：3.3、1.5：3.0、1.8：2.7、2.1：2.4，所有试样在7d、28d、90d、180d的无侧限抗压强度值见表5-2，所测得的抗压强度值的变异系数均在5%以内。

表5-2 RPBCF协同水泥稳定全再生碎石无侧限抗压强度

试验项目	配合比				
	方案一（2.1：2.4：95.5）	方案二（1.8：2.7：95.5）	方案三（1.5：3.0：95.5）	方案四（1.2：3.3：95.5）	方案五（0：4.5：95.5）
7d抗压强度/MPa	5.62	6.74	8.11	8.79	9.10
28d抗压强度/MPa	7.84	8.92	9.83	9.96	12.45
90d抗压强度/MPa	9.32	10.89	13.96	14.15	14.69
180d抗压强度/MPa	10.18	12.11	15.47	15.87	16.32

由表5-2可知，所有试样随着养护龄期逐渐延长，抗压强度逐渐升高；由于所有试样级配完全相同，其强度差异主要来自再生复合微粉、水泥之间化学反应生成物含量的不同。根据本书第2章的研究成果可知，在90d龄期时，水泥对再生复合微粉协同水泥粉煤灰稳定碎石混合料强度增长的贡献已基本稳定，90d龄期后再生复合微粉协同水泥粉煤灰稳定碎石混合料的强度主要来源是再生复合微粉与水泥水化反应产物的火山灰效应，火山灰效应对强度的贡献可以根据比强度法，即式（2-1）～式（2-4）计算确定，其中方案三的计算结果见表5-3，其他方案的计算方法与方案三相同。

表5-3 RPBCF协同水泥稳定全再生碎石火山灰效应强度贡献率（方案三）

指标名称	龄期			
	7d	28d	90d	180d
基准混合料比强度	0.091	0.121	0.147	0.163
再生复合微粉混合料比强度	0.123	0.147	0.204	0.231
火山灰效应比强度	0.032	0.025	0.057	0.068
比强度系数	1.352	1.215	1.388	1.417
火山灰效应强度贡献率/%	26.0	17.0	27.94	29.44

再生复合微粉协同水泥粉煤灰稳定全再生碎石混合料强度主要来自水泥水化反应和再生复合微粉火山灰效应，因此在基准方案中，强度主要由水泥水化反应构成，其火山灰效应贡献率 $P_{火山}$ 取值为 0，为使水泥水化反应产物被充分利用，再生复合微粉火山灰效应强度的贡献率 $P_{火山}$ 越大，说明与水泥比例越佳。

通过计算可知，在所有方案中，90d 龄期时火山灰效应强度贡献率最大，除方案三在 180d 时，火山灰效应强度贡献率 $P_{火山}$ 有所增长外，增幅 5.36%，其他三种方案随着养护龄期延长逐渐趋于稳定，另外在 90d 龄期时，方案三火山灰效应强度贡献率 $P_{火山}$ 最大，比其他三种方案分别增幅为 41.08%、31.77%、13.33%，这说明方案三条件下混合料强度指标拓展空间大，消耗的水泥水化反应产物较多，水泥化学潜能和再生复合微粉火山灰效应可以得到最大程度发挥。综上可知，推荐再生复合微粉与水泥最佳掺量（质量比）为 1.5∶3.0。

(3) 集料、结合料比例研究

根据确定出的再生复合微粉∶水泥的最佳掺量比为 1.5∶3.0，进一步研究集料、结合料之间的比例。根据《公路路面基层施工技术细则》(JTG/T F20—2015) 推荐的水泥剂量，结合省道 S312 郑州境改建工程路面基层级配值，拟定 3 种结合料与集料比例为 4∶96、6∶94、8∶92，通过 7d 无侧限抗压强度试验优选出结合料和集料的比例，结合料和集料配合比设计见表 5-4，混合型再生粗集料在不同掺量下 7d 无侧限抗压强度测试结果，见图 5-2。

表 5-4　RPBCF 协同水泥稳定全再生碎石基层配合比设计

方案	再生复合微粉∶水泥	结合料∶集料	再生复合微粉∶水泥∶集料
配合比 1	1.5∶3.0	8∶92	2.7∶5.4∶92
配合比 2	1.5∶3.0	6∶94	2.0∶4.0∶94
配合比 3	1.5∶3.0	4∶96	1.3∶2.7∶96

由图 5-2 可知，在所有配合比设计方案中，无论再生混合型粗集料含量是多少，配合比 2 在所有方案中抗压强度都取最大值，因此选择配合比 2 为基准配合比，即结合料∶集料比例为 6∶94 时，开展建筑固废

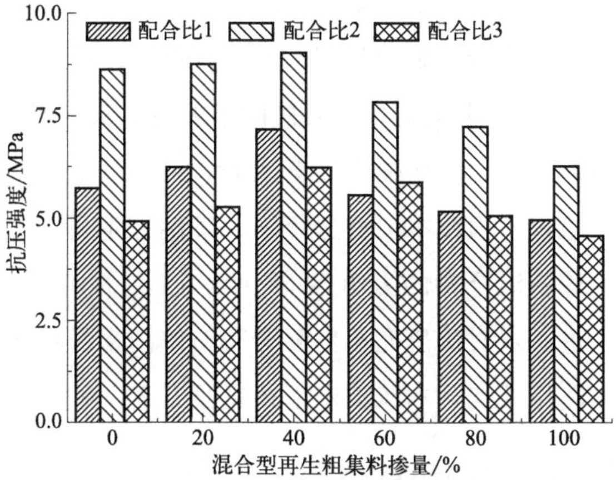

图 5-2　混合型再生粗集料量对抗压强度的影响

复合微粉协同水泥粉煤灰稳定全再生碎石基层力学特性和干缩性能研究。

5.2 RPBCF 协同水泥稳定全再生碎石混合料路用性能评价

再生复合微粉协同水泥稳定全再生碎石混合料的力学设计参数为抗压强度、劈裂强度、抗弯拉强度、回弹模量，而其性能指标参数为干缩系数、温缩系数、抗压强度损失 BDR 值等，相关研究成果表明，设计参数与性能指标参数存在相关关系，如 7d 抗压强度越大，90d 劈裂强度和 90d 抗压回弹模量也越大，但其干缩系数、温缩系数也越大。因此，开展基于多指标的耐久性再生复合微粉协同水泥粉煤灰稳定全再生碎石混合料性能评价和预估具有重要的工程实践意义。

5.2.1　试验方案设计

结合以上研究成果可知，再生复合微粉：水泥的最佳比例为 1.5：3.0，结合料：集料的比例为 6：94，粗细集料级配以 S312 工程中的基层级配值为准，再生粗集料替代天然集料量为40%时，再生复合微粉协同水泥稳定全再生碎石混合料7d的无侧限抗压强度最大。根据相关研究成果[21,23-24,52]，再生复合微粉协同水泥粉煤灰稳定全再生碎石混合料随着养护龄期延长，抗压强度逐渐上升，在90d龄期时达到最大值，以后逐渐趋于稳定，因此本项目选择90d龄期评定再生复合微粉协同水泥稳定全再生碎石混合料的力学性能，而其干缩性能选择0～90d为观察区间。为了进一步对比研究再生复合微粉协同水泥粉煤灰稳定全再生碎石混合料的路用性能，本节拟定下述试验方案，见表5-5。

表5-5　RPBCF协同水泥稳定全再生碎石混合料试验方案

编号	混合料类型
JZ	4.5%水泥稳定碎石混合料
RPBCF00C	再生复合微粉-水泥稳定碎石混合料
RPBCF40C	再生复合微粉-水泥粉煤灰+ 40%再生混合型粗集料+ 100%石灰岩细集料
RPBCF100C	再生复合微粉-水泥粉煤灰+ 100%再生混合型粗集料+ 100%石灰岩细集料
RPBCF-FRS	再生复合微粉-水泥粉煤灰稳定再生混合型碎石混合料

注：RPBCF表示再生复合微粉；RPBCF××C表示再生复合微粉-水泥粉煤灰掺××%再生混合型粗集料的混合料；FRS表示集料全部替换为再生混合型集料。

5.2.2　RPBCF协同水泥稳定全再生碎石力学性能评价

（1）抗压强度

抗压强度与集料的嵌挤、结合料的黏结力紧密相关，其大小直接决定了再生复合微粉协同水泥稳定再生碎石基层承载能力的大小。因此，本书采用重型击实法成型150mm×150mm圆柱体试件，研究混合型再生粗集料取代天然石灰岩集料的比例为0、40%、100%的混合料及再生复合微粉协同水泥粉煤灰稳定全再生混合型碎石混合料，在养护龄期90d条件下的无侧限抗压强度，测试结果见图5-3。

由图5-3可知，四种配合比方案90d无侧限抗压强度值均大于基准方案（JZ），最大增幅15.18%，这主要是因为再生复合微粉发挥火山灰

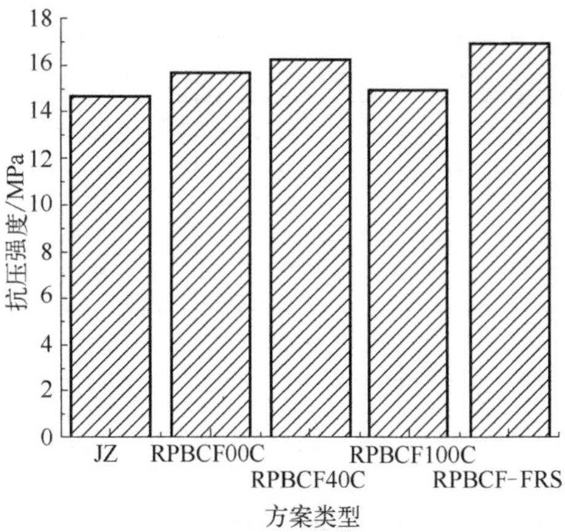

图 5-3 不同再生方案类型抗压强度

效应、微集料效应，而混合型再生集料表面附着部分旧的水泥砂浆，随着养护龄期延长，部分未水化的水泥参与到前期的水化反应，提高了混合料的强度；与 RPBCF100C 方案相比，随着混合型再生粗集料替代量逐渐减小，混合料抗压强度值表现为先增加后减小的趋势，在混合型粗集料替代量达到 40％时，再生复合微粉协同水泥粉煤灰稳定全再生碎石混合料抗压强度达到最大值；与其他所有方案相比，方案 RPBCF-FRS 抗压强度值最大，说明添加混合型再生细集料可使抗压强度增大，最大增幅为 11.99％，且抗压强度变异系数也增大，增幅为 13.28％。综上可知，为最大化利用建筑砖混垃圾，在实际施工过程中本书推荐采用第四种方案，即再生复合微粉协同水泥粉煤灰稳定全再生混合型碎石混合料。

(2) 抗压回弹模量及劈裂强度

我国《公路沥青路面设计规范》(JTG D50—2017) 中规定在进行沥青路面设计时，应以半刚性基层材料抗压回弹模量及劈裂强度为设计参数，其中测试水泥稳定类材料试件的龄期应为 90d。因此，本节采用《公路工程无机结合料稳定材料试验规程》(JTG 3441—2024) 中 T 0808—1994 和 T 0852—2009 中的方法评定上述五种方案的抗压回弹模量值和劈裂强度值，试验结果见表 5-6 和表 5-7。

表 5-6 RPBCF 协同水泥稳定再生碎石混合料抗压回弹模量试验结果

编号	平均值/MPa	方差	变异系数/%	代表值/MPa
JZ	3400	198	5.64	3226
RPBCF00C	3570	208	6.19	3357
RPBCF40C	3810	201	8.25	3692
RPBCF100C	3490	202	9.41	3245
RPBCF-FRS	3998	224	12.75	3797

表 5-7 RPBCF 协同水泥稳定再生碎石混合料劈裂强度试验结果

编号	平均值/MPa	方差	变异系数/%	代表值/MPa
JZ	0.42	0.05	2.4	0.34
RPBCF00C	0.52	0.05	3.2	0.46
RPBCF40C	0.64	0.05	7.1	0.52
RPBCF100C	0.48	0.05	8.2	0.36
RPBCF-FRS	0.71	0.09	9.6	0.67

由表 5-6 和表 5-7 可知，与基准试件相比，掺入再生复合微粉和再生混合型集料后，抗压回弹模量值和劈裂强度值变异系数增大，其最大值分别为 12.75%、9.6%，但仍满足规范要求变异系数分别在 15%、10%以内的要求；在所有试验方案中，再生复合微粉协同水泥粉煤灰稳定全再生混合型集料的抗压回弹模量值和劈裂强度值最大，其次是再生复合微粉协同水泥粉煤灰稳定再生混合型粗集料替代天然集料 40%的抗压回弹模量和劈裂强度值，而再生复合微粉协同水泥粉煤灰稳定全再生混合型粗集料掺量 100%的抗压回弹模量值和劈裂强度值最小，这说明添加再生混合型细集料可以有效改善再生复合微粉协同水泥粉煤灰稳定再生碎石混合料的强度，而混合型再生粗集料表面附着有砂浆，增强了集料之间的摩擦阻力且部分砂浆中未水化的水泥有助于提高混合料的强度，上述两方面的共同作用减弱了混合型再生集料由于强度降低而影响混合料整体强度的程度。

5.2.3 RPBCF 协同水泥稳定全再生碎石干缩特性分析

混合型再生集料由于含有一定量的砖块和混凝块，吸水率远大于天然石灰岩集料，因此再生复合微粉协同水泥粉煤灰稳定全再生混合型碎石混合料最佳含水量较高，而失水收缩是引起干缩最主要的原因，因此有必要研究混合料的干缩问题。干缩破坏主要发生基层竣工初期，因此采用《公路工程无机结合料稳定材料试验规程》（JTG 3441—2024）中 T 0854—2024 中的方法评定上述五种方案的干缩应变，计算公式见式（4-2）、式（4-3），所有试验方案计算结果见图 5-4。

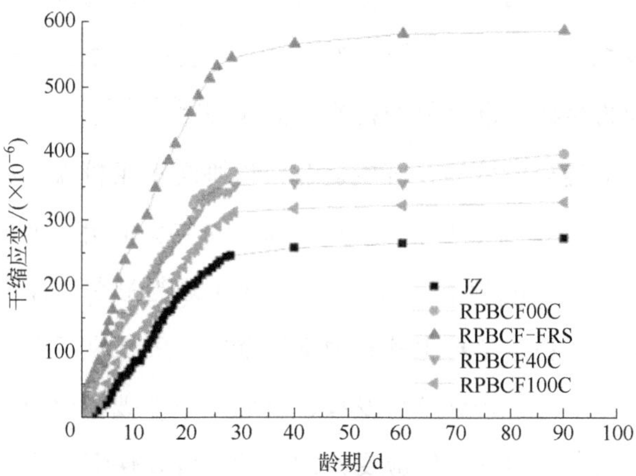

图 5-4 龄期对试验配合比方案干缩应变的影响

由图 5-4 可知，随养护龄期延长，所有试验方案干缩应变值逐渐增大，尤其是 28d 前干缩应变值增长速度最快，往后干缩应变值逐渐趋于稳定；与基准方案相比，随着再生材料掺量和类型增多，四种方案干缩应变值逐渐增大，尤其是再生复合微粉协同水泥粉煤灰稳定全再生碎石混合料（RPBCF-FRS）干缩应变值最大，为 587×10^{-6}，增幅 1.16 倍，而与 RPBCF100C 相比，RPBCF-FRS 干缩应变值增幅 46.75%，这说明添加再生混合型细集料使得混合料干缩应变值显著增大，如 RPBCF00C 干缩应变值是基准方案应变值的 1.2 倍。综上可知，再生复合微粉协同水泥粉煤灰稳定全再生碎石混合料虽然力学性能较为优越，但干缩特性是制约其工程应用的重要瓶颈。

干缩特性是影响水泥稳定碎石基层抗裂性能的重要因素之一，通过上述分析可知，随着添加再生材料类型和数量的变化，再生复合微粉协同水泥粉煤灰稳定全再生碎石混合料的干缩应变值逐渐增大，因此在对再生复合微粉协同水泥粉煤灰稳定全再生碎石基层的配合比进行设计时，要对其干缩应变值加以限制，而相关研究成果表明[25,53]，劈裂模量对评价半刚性基层抗裂性能具有重要的工程实际意义，因此本书提出基于干缩应力系数与干缩应变系数乘积的综合干缩抗裂系数，作为评价再生复合微粉协同水泥粉煤灰稳定再生碎石基层抗裂性能的评价指标，其数值越大，表明再生复合微粉协同水泥粉煤灰稳定再生碎石混合料抗裂性能越强，综合干缩抗裂系数大于 1，说明再生复合微粉协同水泥粉煤灰稳定再生碎石混合料的抗裂性能较好[25,54-55]。

通过前述分析可知，再生复合微粉协同水泥粉煤灰稳定全再生碎石混合料前 28d 养护龄期时，失水率和干缩应变值增长速率较快，即失水率 2.5%对应养护龄期，干缩应变值变化最为显著，而再生复合微粉协同水泥粉煤灰稳定全再生碎石力学性能在 90d 龄期后基本稳定，再生复合微粉与水泥性能得到充分发挥，将此时力学破坏对应的极限应变指标作为配合比设计时的干缩应变控制指标，可以保证再生复合微粉协同水泥粉煤灰稳定全再生碎石基层的质量，其与失水率 2.5%对应的干缩应变值的比值为干缩应力系数，而试件劈裂极限破坏应变与失水率 2.5%对应的干缩应变值的比值为干缩应变系数。因此，结合表 5-6、表 5-7 及图 5-4，运用 T 0854—2024 的方法计算得到再生复合微粉协同水泥粉煤灰稳定全再生碎石基层失水率 2.5%时，对应的干缩应变为 110×10^{-6}，按照 $\xi_{90}=\sigma_{\max}/E$ 可以计算确定出极限拉应变为 178×10^{-6}，因此干缩应变系数应不小于 1.95，干缩应力系数应不小于 2.69，综合干缩抗裂系数应大于 5.25，在进行配合比设计时推荐再生复合微粉协同水泥粉煤灰稳定再生碎石基层 28d 干缩应变值不大于 284×10^{-6}。

5.3 RPBCF 协同水泥稳定全再生碎石基层力学行为分析

道路工程设计应以“路基永久、基层长久、面层耐久”为核心，以路面结构使用年限“翻一番”为目标，按照“优质材料＋合理结构＋严格质控＋规范的预养”的主线，推动平安耐久品质路面科学有序发展。再生复合微粉协同水泥稳定再生碎石基层路用性能主要体现在良好的抗裂性能、抗疲劳性能和对干湿作用的低敏感性，其与原材料性能、混合料组成结构、施工条件、养生等因素密切相关。

本节主要以再生复合微粉协同水泥粉煤灰稳定再生碎石基层沥青路面结构力学行为分析为目的，首先介绍本项目所依托的工程背景交通量参数及路面结构设计参数，依据现有路面设计和验算软件对水泥稳定碎石基层的层底拉应力进行分析并作为基准方案；然后根据路面实际结构特点，综合前面关于材料力学特性的分析，选择合适的设计计算模型与设计参数，在对路面车辆轴载水平进行分析的基础上，选择具有代表性的轴载进行计算。通过分析再生复合微粉协同水泥稳粉煤灰稳定再生碎石基层层底拉应力，根据拟定最佳厚度为本项目提出路面结构组合，为再生复合微粉协同水泥粉煤灰稳定再生碎石基层沥青路面结构选择和再生复合微粉协同水泥稳定再生碎石混合料强度控制标准制定提供依据。

5.3.1 路面结构设计参数

以河南省 S312 郑州境改建工程（郑汴交界至 G107 东移段）Ⅲ标段为工程背景，项目自然区划为Ⅱ5 区鲁豫轻冻区，设计采用双轮组单轴轴载 100kN 为标准轴载，沥青混凝土路面设计使用年限为 15 年，沿线土基回弹模量取 50MPa，路面结构见图 5-5，路面结构设计参数见表 5-8，路面设计应控制沥青混合料层永久变形与无机结合料层疲劳开裂两个指标。

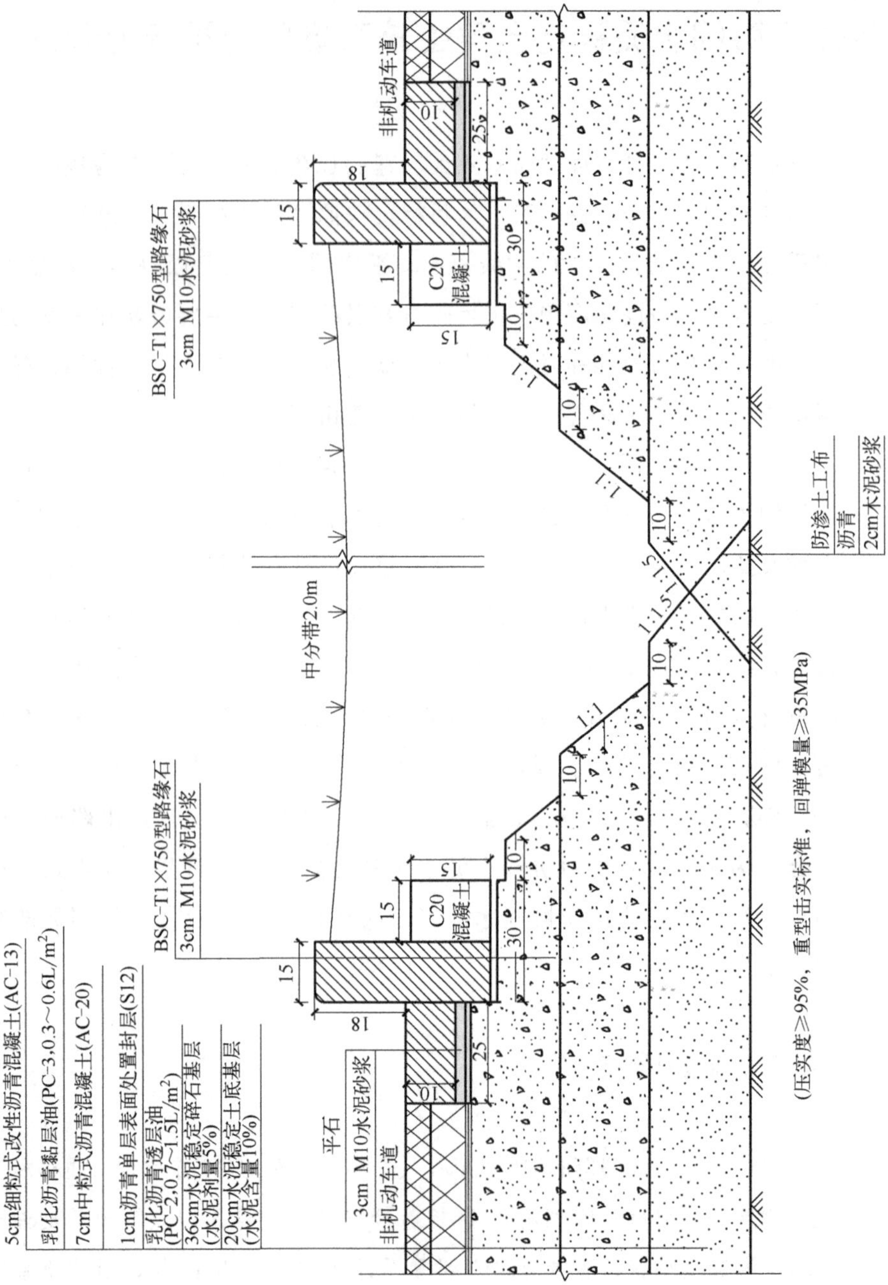

(压实度≥95%，重型击实标准，回弹模量≥35MPa)

图 5-5 路面结构图

该项目属于一级公路技术标准，路面结构类型为沥青路面，基层为无机结合料稳定类，根据《公路沥青路面设计规范》（JTG D50—2017）有关规定，沥青混合料层永久变形不大于 15mm，无机结合料层底疲劳寿命大于无机结合料层疲劳开裂的当量设计轴载累计作用次数，低温开裂指数小于 3，沥青路面材料设计参数见表 5-8。根据交通量 OD（起止点）调查分析，断面大型客车和货车交通量为 4600 辆/d，交通量增长率为 4.0%，方向系数取 55.0%，车道系数取 50.0%。

表 5-8　路面结构设计参数

结构层	材料类型	厚度/mm	结构层模量/MPa	泊松比
面层	中粒式沥青混凝土 AC-16C	50	12000	0.25
	粗粒式沥青混凝土 AC-25C	80	11000	0.25
基层	水泥稳定碎石基层	360	15000	0.25
底基层	水泥稳定碎石底基层	180	15000	0.25
路基	土基	—	50	0.40

5.3.2　基层模量、轴载与基层应力应变关系分析

为了解基层在荷载作用下应力应变随模量演变规律，本小节以试验段路面结构层厚度为计算对象，结合许志鸿[56]、吕松涛[57] 等人的研究成果，相同荷载级位下水泥稳定碎石动态模量与静态模量的比值为 1.2～1.6 倍，因此本书采用路面弹性层状体系计算软件 BISAR3.0 计算轮迹下基层顶部和底部两控制点位的竖向应力及计算点 2 基层层底应变值（如图 5-6 所示），相应的再生基层路面结构基层设计参数范围见

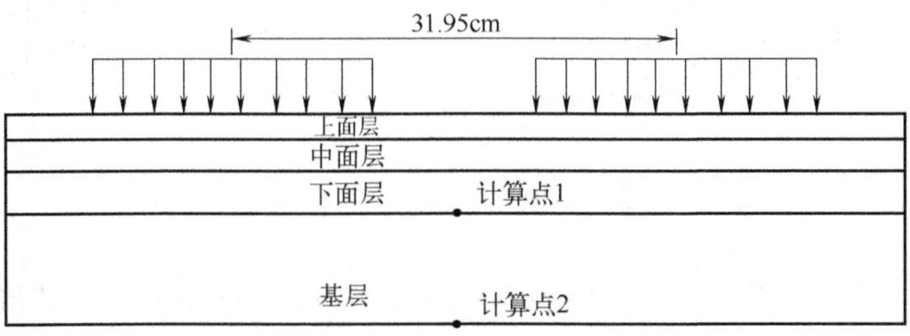

图 5-6　荷载计算图示及计算控制点

表 5-9，在保证其他结构层模量不变的前提下逐次改变基层模量值，从而分析基层层顶、层底竖向压应力和基层层底拉应变的变化趋势。

表 5-9　再生基层路面结构基层设计参数

结构层	材料类型	厚度/mm	结构层模量/MPa	泊松比
面层	中粒式沥青混凝土 AC-16C	50	12000	0.25
	粗粒式沥青混凝土 AC-25C	80	11000	0.25
基层	再生复合微粉协同水泥粉煤灰稳定全再生碎石基层	360	(24000～10000)	0.25
底基层	水泥稳定碎石底基层	180	15000	0.25
路基	土基	—	50	0.40

（1）基层模量与基层顶、底竖向压力

依次改变基层模量值，计算基层两控制点竖向压应力，并将其绘制在同一坐标图下，见图 5-7。由图 5-7 可知，随着基层模量逐渐降低，基层顶部竖向压应力缓慢减小，而基层底部竖向压应力逐渐变大，当基层模量衰减至约为 14000MPa 时，基层顶部竖向压应力突然加速下降，基层底部竖向压应力由上升突然转变为加速下降，且随着模量进一步降低基层顶底竖向压应力都逐渐下降并靠拢。

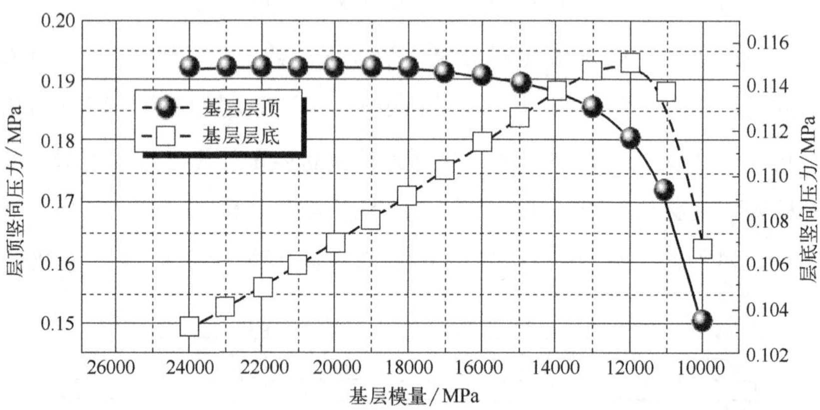

图 5-7　基层模量与层顶、底竖向压力关系图

以上分析表明：基层模量在 14000～24000MPa 时，基层顶部竖向压应力基本保持不变，基层底部竖向压应力随基层模量降低逐渐增大，

当基层模量衰变至14000MPa之后，基层底部应力开始下降，发生应力转移现象，说明此时基层材料已达到破坏阶段，基层顶部竖向压应力基本不随基层模量衰减而变化。

(2) 面层、基层模量与基层层底拉应变

基层模量降低必然导致在相同轴载下产生的应变逐渐增加，因此可改变基层模量观察基层层底应变发展规律，其演变趋势见图5-8。由图5-8可知，基层模量衰减会导致层底拉应变逐渐增大，基层模量在15000～24000MPa范围内时，层底拉应变增加速率缓慢；当基层模量小于15000MPa后，底部拉应变迅速增大；而改变路面面层模量对基层底部拉应变变化影响不大，因此在分析基层底部拉应变变化规律时可忽略面层模量变化对基层层底应变的影响。

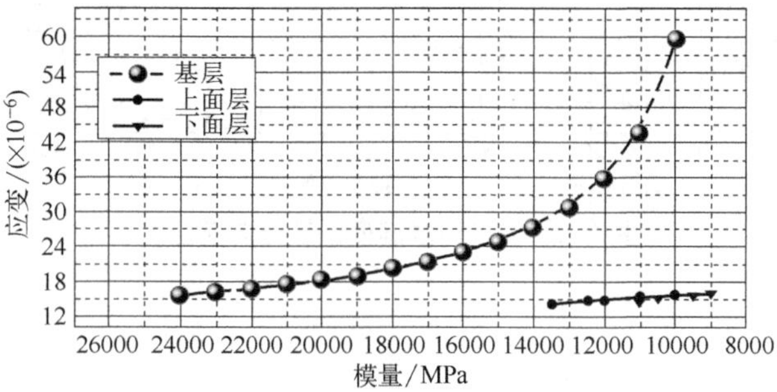

图5-8 结构层模量与基层层底拉应变关系图

(3) 轴载与基层顶底竖向应力关系分析

不同车型的后轴轴型及轴载，如表5-10所示，通过文献[58]提供的公式求得不同轴载作用下的轮胎压力，并采用路面力学计算软件BISAR3.0计算不同轴载下基层顶部与底部的竖向压应力，并绘制不同基层模量下轴载与基层顶、底竖向压应力关系图，如图5-9所示。由图5-9可知，基层顶底竖向压应力与作用到面层上的车辆轴载大小基本呈线性关系，随着轴载的增加基层竖向应力逐渐增大。

表5-10 车型分类及对应轴型

车型	代表车型	后轴轴型	后轴轴载/kN
小货	北京BJ130	单轴双轮	27.4

续表

车型	代表车型	后轴轴型	后轴轴载/kN
中货	东风 EQ140	单轴双轮	69.2
大货	黄河 JN163	单轴双轮	114.0
小客	桑塔纳 2000	单轴单轮	6.1
中客	SH141	单轴双轮	55.1
大客	黄海 DD680	单轴双轮	91.5
拖挂	东风 SP9250	单轴双轮	113.3

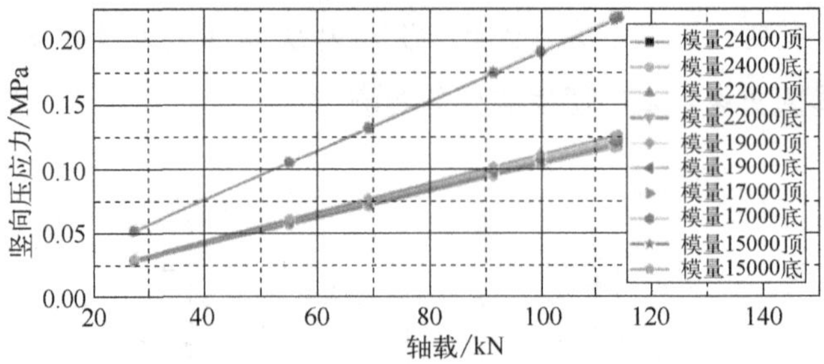

图 5-9　轴载与基层顶、底竖向压应力

5.4 RPBCF 协同水泥稳定全再生碎石基层沥青路面结构分析

5.4.1　现有沥青路面结构分析

我国各等级沥青路面绝大多数都采用半刚性基层，主要原因是：半刚性基层具有刚度大、稳定性好、抗冻性能强、结构本身自成板体等特点，能够实现具有中国特色的强基薄面式路面结构形式，其典型结构见表 5-11，我国常用的半刚性基层沥青路面结构组合见表 5-12。然而，半刚性基层不能迅速排水，基层界面条件易恶化；基层强度、刚度过高导致轴载换算系数增大，提高了对重载车的敏感性；半刚性基层材料的强度和模量衰减，使得沥青路面耐久性差、使用寿命缩短等也是采用半刚性基层不可忽视的问题。另外，半刚性基层材料的干缩和温缩问题形成的反射裂缝一直是困扰道路工作者的技术问题。

表 5-11　沥青路面典型结构

表面层（3~4cm）	沥青层厚度 15~18cm
中面层（5~6cm）	
下面层（6~8cm）	
一层或两层水泥、石灰、粉煤灰稳定碎石（砂砾）基层 20~50cm	
一层或两层水泥、石灰、粉煤灰稳定碎石（砂砾、土）基层 15~20cm	

表 5-12　半刚性基层沥青路面结构组合

结构层	设计车道累计标准轴次/（$\times 10^6$）					
	>12	12~8	8~4	4~2	2~1	<1
面层	AC（16~18cm）	AC（15cm）	AC（12cm）	AC（8~12cm）	AC（5~8cm）	AC（2~4cm）
基层	SM（20~38cm）	SM（20~38cm）	SM（20~38cm）	SM（20~38cm）	SM（20~38cm）	SM（20~38cm）
底基层	ST（按土基和垫层情况计算确定）					

注：AC 为沥青混合料；SM 为水泥稳定粒料或者二灰稳定粒料；ST 为水泥或石灰稳定土。

到目前为止，参照国外柔性基层沥青路面设计使用经验，我国沥青路面结构已经不再局限于原来半刚性基层结构形式，开始在高等级公路上尝试采用多种新型沥青路面结构。新型路面结构的造价相比原来半刚性基层沥青路面结构的造价有所增加，但增加比例并不大，不超过总造价的 1%。但从总沥青路面全寿命周期费用角度分析，初期投资高一些能够使后期维修、养护费用降低，路面使用寿命得到延长，常见路面结构类型见表 5-13。

类型 1 和类型 3 在半刚性基层基础上，采用级配碎石或沥青混合料等柔性基层，一方面可以吸收沥青层传递应力和削减半刚性底基层反射裂缝，另一方面可有效提高路面结构内部疏水能力，被称为倒装结构；另外，级配碎石回弹模量低于半刚性基层材料，因此类型 1 和类型 3 的

表 5-13 新型路面结构类型

类型 1	类型 2	类型 3
磨耗层		
联结层（具有抗车辙性能要求的沥青层）		
联结层（具有抗疲劳性能要求的沥青层）		
透层+封层	沥青稳定碎石基层	透层+封层
级配碎石或沥青混合料	透层+封层	级配碎石基层
半刚性基层	级配碎石基层	半刚性底基层
半刚性底基层	天然砂砾垫层	土基
土基	土基	—

组合式结构实质可属于半刚性基层沥青路面，它们的区别仅是在半刚性基层上铺筑的柔性材料厚度不同，即前薄后厚。但后者使用性能介于半刚性基层沥青路面与柔性路面之间。类型 2 为采用沥青稳定碎石基层和级配碎石基层的组合式基层结构（或称为全柔性沥青路面结构），沥青稳定碎石以提供承载能力和抗疲劳能力为主。

5.4.2 推荐沥青路面结构形式

根据郑州市交通规划勘察设计研究院提供的交通量情况，采用《公路沥青路面设计规范》（JTG D50—2017）附录 A 交通荷载参数分析中相关公式，并结合规范 6.2.1 中设计指标，可计算得到初始年设计车道上当量设计轴载累计作用次数及无机结合料稳定层层底拉应力的当量设计轴载累计作用次数，最后采用 HPDS2017 进行沥青路面结构厚度计算。

设计年限内设计车道大型客车和货车累计交通量 Q 的计算如式（5-1）所示。

$$Q=\frac{365\times1265\times[(1+0.04)^{15}-1]}{0.04}=9245391(\text{辆}) \tag{5-1}$$

对照规范《公路沥青路面设计规范》（JTG D50—2017）中表 3.0.4

所列数值，可确定出路面结构所承受的交通荷载等级为重交通。

结合《公路沥青路面设计规范》（JTG D50—2017）附录 A 中表 A. 2. 6-1 的有关规定，可确定出本项目设计公路为 TTC2 类（整体式货车、半挂式货车比例），即整体式货车比例低于 40%。根据《公路沥青路面设计规范》（JTG D50—2017）附录 A 中表 A. 2. 6-2 的统计数值，确定本设计公路的车辆类型分布系数，见表 5-14。基于路面所承受交通等级和我国沥青路面所使用的典型基层等因素的考虑，该设计公路的基层和底基层均采用无机结合料稳定材料进行铺筑，相应的设计指标为无机结合料稳定层层底拉应力和沥青混合料层永久变形量。

表 5-14　车辆类型分布系数（TTC2）

车辆类型	2类	3类	4类	5类	6类	7类	8类	9类	10类	11类
车型分布系数/%	22.0	23.3	2.7	0.0	8.3	7.5	17.1	8.5	10.6	0.0

根据路网相邻公路的车辆满载情况及历史数据的调查分析，得到各类车型非满载车与满载车比例，如表 5-15 所示。

表 5-15　非满载车与满载车所占比例　　单位：%

车辆类型	2类	3类	4类	5类	6类	7类	8类	9类	10类	11类
非满载车比例	10.0	15.0	10.0	15.0	10.0	20.0	20.0	30.0	30.0	20.0
满载车比例	90.0	85.0	90.0	85.0	90.0	80.0	80.0	70.0	70.0	80.0

对照设计指标，结合《公路沥青路面设计规范》（JTG D50—2017）附表 A. 3. 1-3 规定，可得到在不同设计指标下，各类车辆（非满载车和满载车）的当量设计轴载换算系数，如表 5-16 所示。

表 5-16　非满载车与满载车当量设计轴载换算系数

车辆类型	沥青混合料层永久变形量		无机结合料稳定层层底拉应力	
	非满载车	满载车	非满载车	满载车
2类	0.8	2.8	0.5	35.5
3类	0.4	4.1	1.3	314.2

续表

车辆类型	沥青混合料层永久变形量		无机结合料稳定层层底拉应力	
	非满载车	满载车	非满载车	满载车
4类	0.7	4.2	0.3	137.6
5类	0.6	6.3	0.6	72.9
6类	1.3	7.9	10.2	1505.7
7类	1.4	6.0	7.8	553.0
8类	1.4	6.7	16.4	713.5
9类	1.5	5.1	0.7	204.3
10类	2.4	7.0	37.8	426.8
11类	1.5	12.1	2.5	985.4

① 沥青混合料层永久变形量的当量设计轴载累计作用次数计算

结合《公路沥青路面设计规范》（JTG D50—2017）附录 A.3 中的有关规定，各类车辆的当量设计轴载换算系数计算按照式（A.3.1-5）计算，即式（5-2），具体值见表 5-17。

$$EALF_m = EALF_{ml} \times PER_{ml} + EALF_{mh} \times PER_{mh} \tag{5-2}$$

式中 $EALF_m$——m 类车辆的当量设计轴载换算系数；

$EALF_{ml}$——m 类车辆中非满载车的当量设计轴载换算系数；

PER_{ml}——m 类车辆中满载车的当量设计轴载换算系数；

$EALF_{mh}$——m 类车辆中非满载车所占的比例；

PER_{mh}——m 类车辆中满载车所占的比例。

表 5-17　不同类车辆的当量设计轴载换算系数

车辆类型	沥青混合料层永久变形量		非满载车与满载车比例		当量设计轴载换算系数（$EALF_m$）
	非满载车	满载车	非满载车	满载车	
2类	0.8	2.8	0.10	0.90	2.60
3类	0.4	4.1	0.15	0.85	3.55
4类	0.7	4.2	0.10	0.90	3.85
5类	0.6	6.3	0.15	0.85	5.45

续表

车辆类型	沥青混合料层永久变形量		非满载车与满载车比例		当量设计轴载换算系数（$EALF_m$）
	非满载车	满载车	非满载车	满载车	
6类	1.3	7.9	0.10	0.90	7.24
7类	1.4	6.0	0.20	0.80	5.08
8类	1.4	6.7	0.20	0.80	5.64
9类	1.5	5.1	0.30	0.70	4.02
10类	2.4	7.0	0.30	0.70	5.62
11类	1.5	12.1	0.20	0.80	9.98

结合交通量数据，按《公路沥青路面设计规范》（JTG D50—2017）附A.4中式（A.4.1），即式（5-3）可确定初始年设计车道日平均当量轴次 N_1，其中车辆类型分布系数与车辆当量设计轴载换算系数乘积的计算结果见表5-18。

$$N_1 = AADTT \times DDF \times LDF \times \sum_{m=2}^{11}(VCDF_m \times EALF_m) \quad (5\text{-}3)$$

式中 $AADTT$——2轴6轮及以上车辆的双向年平均日交通量，辆/d；

DDF——方向系数，按JTG D50—2017第A.2.4条的规定确定；

LDF——车道系数，按JTG D50—2017第A.2.5条的规定确定；

m——车辆类型编号；

$VCDF_m$——m类车辆类型分布系数，按JTG D50—2017第A.2.6条的规定确定；

$EALF_m$——m类车辆的当量设计轴载换算系数。

表5-18 车辆类型分布系数与车辆当量设计轴载换算系数乘积

车辆类型	车辆类型分布系数（$VCDF_m$）	车辆的当量设计轴载换算系数（$EALF_m$）	二者乘积
2类	0.220	2.60	0.572
3类	0.233	3.55	0.827

续表

车辆类型	车辆类型分布系数（$VCDF_m$）	车辆的当量设计轴载换算系数（$EALF_m$）	二者乘积
4类	0.027	3.85	0.104
5类	0.000	5.45	0.000
6类	0.083	7.24	0.601
7类	0.075	5.08	0.381
8类	0.171	5.64	0.964
9类	0.085	4.02	0.342
10类	0.106	5.62	0.596
11类	0.000	9.98	0.000
合计	—	—	4.39

根据已有的交通量设计参数，即 $AADTT$ 为4600辆/d，方向系数 DDF 为0.55，车道系数 LDF 为0.5，代入式（5-3）

$$N_1 = 4600 \times 0.55 \times 0.50 \times 4.39 = 5554(辆/d)$$

根据初始年设计车道日平均当量轴次、设计使用年限等，按《公路沥青路面设计规范》（JTG D50—2017）附A.4中式（A.4.2），即式（5-4）计算设计车道上的当量设计轴载累计作用次数 N_e

$$N_e = \frac{[(1+\gamma)^{15}-1]\times 365}{\gamma} N_1 = 40592017(次) \tag{5-4}$$

式中　γ——设计使用年限内交通量的年平均增长率。

② 无机结合料稳定层层底拉应力的当量设计轴载累计作用次数计算

结合《公路沥青路面设计规范》（JTG D50—2017）附A.3中的有关规定，各类车辆的当量设计轴载换算系数按照规范中式（A.3.1-5）计算，即式（5-2），具体计算结果见表5-19。

表5-19　不同类车辆的当量设计轴载换算系数

车辆类型	无机结合料稳定层层底拉应力		非满载车与满载车比例		当量设计轴载换算系数（$EALF_m$）
	非满载车	满载车	非满载车	满载车	
2类	0.5	35.5	0.10	0.90	32.00

续表

车辆类型	无机结合料稳定层层底拉应力		非满载车与满载车比例		当量设计轴载换算系数（$EALF_m$）
	非满载车	满载车	非满载车	满载车	
3类	1.3	314.2	0.15	0.85	267.27
4类	0.3	137.6	0.10	0.90	123.87
5类	0.6	72.9	0.15	0.85	62.06
6类	10.2	1505.7	0.10	0.90	1356.15
7类	7.8	553.0	0.20	0.80	443.96
8类	16.4	713.5	0.20	0.80	574.08
9类	0.7	204.3	0.30	0.70	143.22
10类	37.8	426.8	0.30	0.70	310.10
11类	2.5	985.4	0.20	0.80	788.82

结合交通量数据，按《公路沥青路面设计规范》（JTG D50—2017）附A.4中式（A.4.1）确定初始年设计车道日平均当量轴次 N_1，即式(5-3)，车辆类型分布系数与车辆当量设计轴载换算系数乘积的计算结果见表5-20。

表5-20 车辆类型分布系数与车辆当量设计轴载换算系数乘积

车辆类型	车辆类型分布系数（$VCDF_m$）	车辆的当量设计轴载换算系数（$EALF_m$）	二者乘积
2类	0.220	32.00	7.04
3类	0.233	267.27	62.27
4类	0.027	123.87	3.34
5类	0.000	62.06	0.00
6类	0.083	1356.15	112.56
7类	0.075	443.96	33.30
8类	0.171	574.08	98.17
9类	0.085	143.22	12.17
10类	0.106	310.10	32.87
11类	0.000	788.82	0.00
合计	—	—	361.73

根据已有的交通量设计参数，即 $AADTT$ 为 4600 辆/d，方向系数 DDF 为 0.55，车道系数 LDF 为 0.50，代入式（5-3）得

$$N_1=4600\times0.55\times0.50\times361.73=457588(\text{辆/d})$$

根据初始年设计车道日平均当量轴次、设计使用年限等，按《公路沥青路面设计规范》（JTG D50—2017）附 A.4 中式（A.4.2），即式（5-4）计算设计车道上的当量设计轴载累计作用次数 N_e

$$N_e=\frac{[(1+\gamma)^{15}-1]\times365}{\gamma}N_1=3344331998(\text{次})$$

综合上述交通量计算结果可以确定，当以半刚性材料结构层层底拉应力为设计指标时，设计使用年限内设计车道上的当量设计轴载累计作用次数为 3344331998 次，另外运用 HPDS 计算交通量的参数与结果见图 5-10，通过比较，两者计算基本一致。

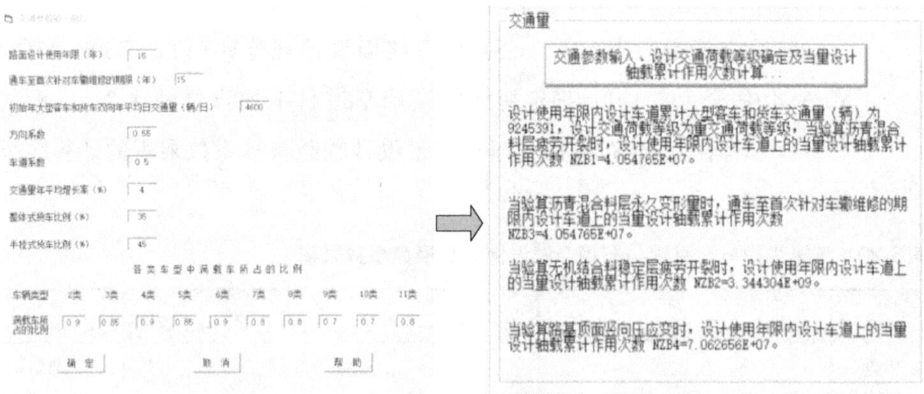

图 5-10　HPDS 交通量计算

沥青路面结构材料设计参数见图 5-11，土基模量值取为 50MPa，其中第三层为路面结构厚度验算层，HPDS 验算结果如下：

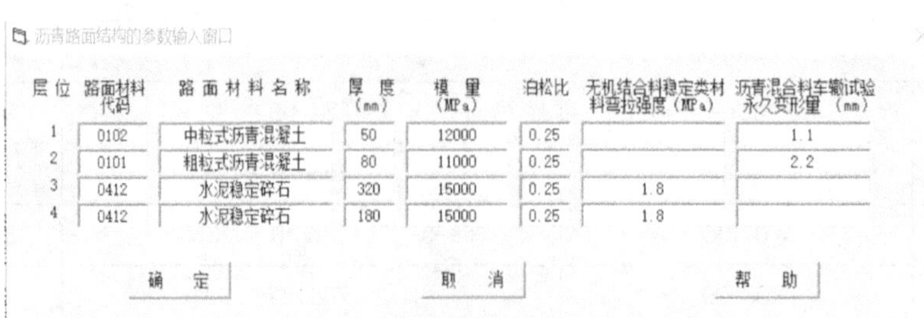
沥青路面结构的参数输入窗口

层位	路面材料代码	路面材料名称	厚度（mm）	模量（MPa）	泊松比	无机结合料稳定类材料弯拉强度（MPa）	沥青混合料车辙试验永久变形量（mm）
1	0102	中粒式沥青混凝土	50	12000	0.25		1.1
2	0101	粗粒式沥青混凝土	80	11000	0.25		2.2
3	0412	水泥稳定碎石	320	15000	0.25	1.8	
4	0412	水泥稳定碎石	180	15000	0.25	1.8	

确定　取消　帮助

图 5-11　HPDS 软件路面结构设计参数输入

a. 第 3 层无机结合料稳定层疲劳开裂验算

设计层厚度 H_3＝360mm，第三层层底拉应力 σ＝0.075MPa，疲劳开裂寿命 $N_{f2}=7.386389\times10^{10}$ 轴次，而设计使用年限内设计车道上的当量设计轴载累计作用次数 $NZB_2=3.344304\times10^9$ 轴次，满足设计要求。

b. 第 4 层无机结合料稳定层疲劳开裂验算

设计层厚度 H_4＝360mm，第 4 层层底拉应力 σ＝0.187MPa，疲劳开裂寿命 $N_{f2}=6.879054\times10^9$ 轴次，而设计使用年限内设计车道上的当量设计轴载累计作用次数 $NZB_2=3.344304\times10^9$ 轴次，满足设计要求。

c. 沥青面层低温开裂指数验算

路面所在地区低温设计温度 T＝－20℃，表面层沥青蠕变劲度 S_t＝300MPa，沥青结合料类材料层厚度 h_a＝130mm，路基类型参数 b＝2，低温开裂指数 CI＝2.3 条，沥青面层容许低温开裂指数 CI＝3 条，满足规范要求。

d. 沥青混合料层永久变形量验算

沥青混合料层永久变形等效温度 T_ξ＝25.3℃，通车至首次针对车辙维修期限内设计车道上的当量设计轴载累计作用次数 $NZB_3=4.054765\times10^7$ 轴次，沥青混合料层永久变形验算分层数 N＝7，各层变形量计算结果如下：

第 1 分层沥青混合料永久变形量 R_{a1}＝0.79mm

第 2 分层沥青混合料永久变形量 R_{a2}＝1.53mm

第 3 分层沥青混合料永久变形量 R_{a3}＝1.89mm

第 4 分层沥青混合料永久变形量 R_{a4}＝3.91mm

第 5 分层沥青混合料永久变形量 R_{a5}＝2.65mm

第 6 分层沥青混合料永久变形量 R_{a6}＝1.58mm

第 7 分层沥青混合料永久变形量 R_{a7}＝0.87mm

沥青混合料层永久变形量 R_a＝13.22mm，沥青混合料层容许永久变形量 R_a＝15mm，满足规范要求。

根据以上沥青路面结构介绍，结合本项目再生复合微粉协同水泥粉煤灰稳定再生碎石基层路面的研究成果，推荐四种二级公路路面结构组合，结构组合见表 5-21，其中典型路面结构 C 的材料计算参数见图 5-12。

表 5-21 推荐二级公路路面结构组合形式

路面结构类型	组合形式
结构 A	面层：4cmAC-13+ 4cmAC-16 基层：30cm 再生复合微粉协同水泥粉煤灰稳定全再生碎石基层 底基层：20cm 水泥稳定碎石（低剂量）
结构 B	面层：4cm 改性 AC-13+ 6cmAC-20 基层：38cm 再生复合微粉协同水泥粉煤灰稳定全再生碎石基层 底基层：10cm 水泥稳定碎石（低剂量）
结构 C	面层：4cmAC-13+ 4cmAC-16 加少量 PR 抗车辙剂或 2% 玄武岩纤维 基层：30cm 再生复合微粉协同水泥粉煤灰稳定全再生碎石基层 底基层：18cm 水泥稳定碎石（低剂量）
结构 D	面层：4cmSMA-13+ 6cmAC-16 基层：36cm 再生复合微粉协同水泥粉煤灰稳定全再生碎石基层 底基层：20cm 水泥稳定砾石

注：SMA 为沥青玛王帝脂混合料。

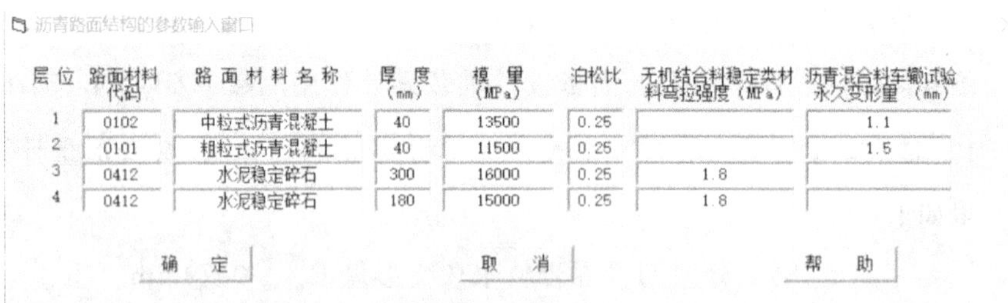
沥青路面结构的参数输入窗口

层位	路面材料代码	路面材料名称	厚度（mm）	模量（MPa）	泊松比	无机结合料稳定类材料弯拉强度（MPa）	沥青混合料车辙试验永久变形量（mm）
1	0102	中粒式沥青混凝土	40	13500	0.25		1.1
2	0101	粗粒式沥青混凝土	40	11500	0.25		1.5
3	0412	水泥稳定碎石	300	16000	0.25	1.8	
4	0412	水泥稳定碎石	180	15000	0.25	1.8	

图 5-12 典型路面结构 C 设计参数

5.5 RPBCF 协同水泥稳定全再生碎石混合料控制标准研究

5.5.1 无侧限抗压强度与劈裂强度指标分析

我国沥青路面结构设计中对于无机结合料的设计主要是以无机结合

料稳定层层底拉应力为控制指标，以无机结合料稳定层的疲劳开裂寿命为设计标准，即基于无机结合料稳定层层底拉应力计算的无机结合料稳定层疲劳开裂寿命应大于基于无机结合料稳定层层底拉应力换算得到的设计年限内当量设计轴载累计作用次数[59]。而对于半刚性基层而言，材料组成设计采用 7d 无侧限抗压强度为设计指标，因此造成了设计指标与材料组成设计指标的不统一。由于路面结构设计参数、配合比设计参数二者之间目前缺乏必要联系，在设计、施工中产生了许多问题，以致设计与施工之间严重脱节，造成设计不能反映施工状况，施工质量不能体现设计要求，导致路基路面早期破坏。

无侧限抗压强度形成机理、影响因素与抗拉强度不同，无侧限抗压强度高并不意味着抗拉强度也高，例如骨架密实型水泥稳定碎石的无侧限抗压强度高于悬浮密实型水泥稳定碎石，但其抗拉强度却低于悬浮密实型水泥稳定碎石。在荷载作用下，沥青面层下半刚性基层层底处于受拉状态，因此以无侧限抗压强度作为再生复合微粉协同水泥稳定再生碎石基层的强度控制指标并不合适。

劈裂强度试验与无侧限抗压强度试验使用的仪器基本一样，试验方法相似，试验难易程度和工作量相当。路面检测时，劈裂强度试件通过钻芯取样获得，操作简单，易被道路工作者接受。目前世界各国在研究半刚性基层材料抗拉强度时，都趋于用圆柱体试件劈裂试验方法。因此从技术和经济性两方面综合考虑，采用劈裂试验来反映半刚性材料的抗拉性能最有利，以劈裂强度代替无侧限抗压强度作为半刚性材料的强度控制指标是可行的。

综上可知，劈裂强度能反映半刚性材料抗拉特性，作为层底受拉半刚性结构层的强度控制指标更合适。但劈裂强度试验较无侧限抗压强度试验复杂，由于试验数值小，试验结果离散性高；我国目前仍以无侧限抗压强度作为材料设计指标，鉴于上述原因，建议再生复合微粉协同水泥粉煤灰稳定再生碎石基层的强度控制指标同时采用无侧限抗压强度和劈裂强度。

根据前述研究成果可知，再生复合微粉协同水泥粉煤灰稳定再生碎石基层的强度随龄期增长而增大，因此存在设计龄期问题。目前对于材料组成设计，设计龄期为 7d；而路面结构设计时，采用龄期 90d。因此，在进行材料组成设计时，设计龄期采用 7d，即以 7d 龄期劈裂强度和 7d 无侧限抗压强度作为再生复合微粉协同水泥粉煤灰稳定再生碎石混合料组成设计的强度控制指标。另外，由于再生复合微粉协同水泥粉煤灰稳定再生碎石混合料早期强度可以满足部分道路工程需要，且劈裂强度随龄期增长的规律较好，当工程进度需要时，可用短龄期（7d 龄期）的劈裂强度进行再生复合微粉协同水泥粉煤灰稳定全再生碎石基层路面结构设计，这样可以节省大量的时间。

5.5.2 劈裂强度标准

我国《公路沥青路面设计规范》（JTG D50—2006）（已更新为 JTG D50—2017，此处仍采用旧规范，理由下文将述及）中规定高速公路、一级公路、二级公路的半刚性基层、底基层层底拉应力要满足下式：

$$\sigma_m \leqslant \sigma_R \tag{5-5}$$

式中 σ_m——层底拉应力；

σ_R——半刚性基层材料的容许拉应力，MPa。

半刚性基层材料容许拉应力 σ_R 按式（5-6）计算

$$\sigma_R = \sigma_{SP}/K_s \tag{5-6}$$

式中 σ_{SP}——再生复合微粉协同水泥稳定类材料龄期为 90d 时的劈裂强度；

K_s——抗拉强度结构系数。

对水泥稳定材料类，抗拉强度结构系数按式（5-7）计算

$$K_s = 0.35N_e^{0.11}/A_e \tag{5-7}$$

式中 N_e——累计标准轴次，次/车道；

A_e——公路等级系数，高速公路、一级公路为 1.0，二级公路为 1.1。

根据不利临界条件假定层底拉应力 σ_m 等于容许拉应力 σ_R，可得半刚性基层材料要求劈裂强度 σ_{SP}

$$\sigma_{SP}=\sigma_m K_s \tag{5-8}$$

由前面再生复合微粉协同水泥粉煤灰稳定全再生碎石基层路面结构研究成果可知，水泥稳定再生粒料基层层底拉应力 σ_m 在 0.082～0.217MPa，取 0.22MPa 为代表值进行计算。式（5-7）中 K_s 是关于累计当量轴次的函数，因此累计当量轴次和公路等级是确定半刚性基层材料劈裂强度标准的主要因素。

梅朝[60] 以昌九高速公路 2009—2013 年交通量数据为依据，利用《公路沥青路面设计规范》新旧规范 JTG D50—2006 和 JTG D50—2017 确定交通等级划分，两者计算结果一致，交通等级划分相同，这说明新旧规范在交通等级划分方面保持一致。因此，本书仍采用《公路沥青路面设计规范》（JTG D50—2006）中 BZZ-100 累计标准当量轴次 N_e（次/车道）进行计算，其中累计标准轴次划分标准见表 5-22。

表 5-22 交通荷载等级

交通等级	BZZ-100 累计标准轴次 N_e/（次/车道）
轻交通	$<3\times10^6$
中等交通	$3\times10^6\sim1.2\times10^7$
重交通	$1.2\times10^7\sim2.5\times10^7$
特重交通	$>2.5\times10^7$

将表 5-22 中累计当量轴次 N_e 代入式（5-7）计算得再生复合微粉协同水泥粉煤灰稳定全再生碎石基层抗拉强度结构系数，结果见表 5-23。

表 5-23 RPBCF 协同水泥稳定全再生碎石抗拉强度结构系数

交通等级	N_e 取值/（次/车道）	A_e 取值	强度结构系数 K_s
特重交通	$2.5\times10^7\sim5\times10^7$	1.0	2.28～2.46
重交通	$1.2\times10^7\sim2.5\times10^7$	1.0	2.10～2.28
中等交通	$3\times10^6\sim1.2\times10^7$	1.1	1.64～1.91
轻交通	$5\times10^5\sim3\times10^6$	1.1	1.35～1.64

由式（5-7）可得，半刚性基层的劈裂强度要求如表 5-24 所示。

表 5-24　RPBCF 协同水泥稳定全再生基层计算要求劈裂强度　　单位：MPa

结构层	特重交通	重交通	中等交通	轻交通
基层	0.50~0.54	0.46~0.50	0.36~0.42	0.29~0.36

表 5-24 计算要求是指再生复合微粉协同水泥稳定再生碎石基层材料后期强度要求。一般来说，对于水泥稳定类材料是指 90d 强度要求，而材料组成设计时设计龄期为 7d。因此，需根据材料后期强度与早期强度关系，将 90d 强度转化为 7d 强度。

由本书中已有研究成果分析可知，劈裂强度在各龄期之间有一定比例，再生复合微粉协同水泥粉煤灰稳定再生碎石混合料的劈裂强度比值 R_{7d}/R_{90d} 平均值为 54.36%。根据此换算关系，将 90d 强度乘以该强度比值，就可得到再生复合微粉协同水泥粉煤灰稳定再生碎石混合料 7d 劈裂强度建议值，计算结果如表 5-25 所示。

表 5-25　RPBCF 协同水泥稳定全再生碎石 7d 劈裂强度要求　　单位：MPa

结构层	特重交通	重交通	中等交通	轻交通
基层	0.27~0.29	0.25~0.27	0.20~0.23	0.16~0.20

综上所述，可给出再生复合微粉协同水泥粉煤灰稳定再生碎石混合料 7d 劈裂强度标准，根据《公路路面基层施工技术细则》（JTG/T F20—2015），劈裂强度标准可按公路等级推荐，一般来说高速公路和一级公路主要适应特重交通和重交通，而二级公路适应中等交通，二级以下公路适应轻交通。所以，再生复合微粉协同水泥粉煤灰稳定全再生碎石材料在规定养护条件下 7d 劈裂强度标准建议值如表 5-26 所示。

表 5-26　RPBCF 协同水泥稳定全再生碎石 7d 劈裂强度标准建议值

结构层	二级和二级以下公路	高速公路和一级公路
基层/MPa	0.16~0.25	0.25~0.29

为了进一步验证上述结果的正确性，本书根据前述试验方案成形圆柱体试件测得再生复合微粉协同水泥粉煤灰稳定再生碎石材料劈裂强度一般为 0.15～0.33MPa，与表 5-26 强度标准基本相当，其值略大于建

议的强度标准，说明正常条件下再生复合微粉协同水泥粉煤灰稳定再生碎石强度能达到要求。

5.5.3 无侧限抗压强度标准

根据我国《公路路面基层施工技术细则》（JTG/T F20—2015）的有关规定，当水泥稳定材料用作路面基层和底基层时，其7d龄期的无侧限抗压强度（6d保温保湿养生，1d浸水）应符合表5-27的要求。

表5-27 水泥稳定材料7d龄期无侧限抗压强度标准

结构层	公路等级	
	二级和二级以下公路	高速公路和一级公路
基层/MPa	2.0~4.0	4.0~7.0
底基层/MPa	1.0~3.0	2.0~5.0

由于采用再生复合微粉作为部分胶凝材料替代水泥，使得再生复合微粉协同水泥粉煤灰稳定再生碎石材料具有半刚性基层材料的一些特性，因此参考现行基层施工技术规范的要求，采用7d无侧限抗压强度作为质量控制指标之一。同时由于再生复合集料材料中含有大量的废弃混凝土和废砖，其中废砖块在一定程度上妨碍水泥和再生石料之间强度的形成[40]，而部分废弃混凝土块表面附着有部分砂浆或者未完全水化的水泥，造成建筑固废微粉协同水泥粉煤灰稳定再生碎石混合料的强度可在一定程度上高于水泥稳定碎石，而再生复合微粉材料的存在以及新旧集料界面的影响使得该材料的物理力学特性与水泥稳定碎石有一定差异，造成其混合料材料力学强度具有一定离散性。因此，本书根据再生复合微粉协同水泥粉煤灰稳定再生碎石材料的劈裂强度标准及材料特性，提出7d无侧限抗压强度标准参考值。

由前面配合比设计中对无侧限抗压强度的试验研究结果和已有相关成果可知[52-53,55]，建筑固废复合微粉协同水泥稳定再生碎石混合料材料的无侧限抗压强度与劈裂强度具有较好的相关性，利用其回归关系和本书提出的再生复合微粉协同水泥粉煤灰稳定再生碎石材料7d劈裂强度标准，便可以建立再生复合微粉协同水泥粉煤灰稳定再生碎石混合料材料 7d 无侧限抗压强度标准。

再生复合微粉协同水泥粉煤灰稳定再生碎石材料劈裂强度与无侧限抗压强度关系见式（5-9）。

$$y_{劈裂强度}=0.1517x_{抗压强度}-0.5289(R^2=0.9055) \tag{5-9}$$

结合表 5-25 中 7d 劈裂强度标准值及回归公式（5-9）可计算确定出不同交通荷载等级下 7d 无侧限抗压强度标准范围，计算结果见表 5-28。

表 5-28 RPBCF 协同水泥稳定全再生材料 7d 无侧限抗压强度标准范围

结构层	交通荷载等级			
	特重交通	重交通	中等交通	轻交通
基层/MPa	5.27~5.39	5.13~5.27	4.80~5.00	4.50~4.80

由试验结果可知，再生复合微粉协同水泥粉煤灰稳定再生碎石 7d 抗压强度一般为 4.52～5.96MPa，略大于表 5-12 中强度标准，说明正常条件下再生复合微粉协同水泥粉煤灰稳定再生碎石材料强度可以达到控制标准。但是，计算所得的强度标准值及其范围低于规范中水泥稳定类材料强度标准，这也体现了再生复合微粉协同水泥粉煤灰稳定再生碎石材料特殊的力学特性。综合《公路路面基层施工技术细则》（JTG/T F20—2015）和试验研究结果，按照公路等级提出了再生复合微粉协同水泥粉煤灰稳定再生碎石混合料 7d 抗压强度标准建议值，结果见表 5-29。

表 5-29 RPBCF 协同水泥稳定全再生材料 7d 无侧限抗压强度标准建议值

结构层	公路等级	
	二级和二级以下公路	高速公路和一级公路
基层/MPa	4.50~5.13	5.13~5.39

本书没有对建筑固废微粉协同水泥粉煤灰稳定全再生碎石底基层标准值进行相关研究，但是按照相同的分析方法，即根据层底拉应力要求值，进行参数反演并结合室内试验数据的方法同样也可以得出结果。另外，对于掺有一定量外加剂的再生复合微粉协同水泥粉煤灰稳定全再生

碎石粒料强度要求，也可以按照相同方法推荐强度标准值。本书没有对再生复合微粉协同水泥粉煤灰稳定全再生碎石混合料进行疲劳力学性能和耐久性性能试验研究，但也可以利用参数反演结合室内试验的方法对结构设计标准值和材料设计标准值进行建议。

第6章

结论

本研究以河南省省道 S312 郑州境改建工程路面基层配合比为基准，选择水泥粉煤灰稳定碎石基层为主要研究对象，在总结国内外研究现状和发展动态的基础上，对建筑固废微粉协同水泥粉煤灰稳定再生碎石混合料组成及结构进行了深入研究，以浆体材料为基础，利用复合活化技术制备出了以建筑固废砖粉、建筑固废混凝土粉为主要成分的再生复合微粉（RPBCF），结合室内试验系统地研究了再生复合微粉、混合型再生集料对水泥稳定类材料组成、结构与性能的影响，并通过微观测试方法揭示了再生复合微粉协同水泥粉煤灰稳定再生碎石混合料的强度形成机理，推荐了基于再生复合微粉协同水泥粉煤灰稳定全再生碎石基层路面结构及材料组成的设计强度标准，主要研究结论如下：

① 运用复合激发方法，以水泥粉煤灰稳定碎石混合料中的水泥-粉煤灰掺比为基础，设计了七种路用再生复合粉体材料配合比方案，通过砂浆力学性能试验确定了再生复合微粉（RPBCF）的最佳配合比，并通过扫描电镜结合能谱分析（SEM/EDS）、XRD 试验揭示了砂浆强度形成机理；在此基础上，运用比强度法对再生复合微粉（RPBCF）活性进行了评价，基于多元回归理论建立了再生复合微粉（RPBCF）-水泥砂浆强度预测模型。当建筑固废再生砖粉与再生混凝土粉比例为 3∶2 且再生复合微粉（RPBCF）掺量≤25%时，砂浆 90d 强度高于基准试件，当再生复合微粉掺量为 25%时，砂浆 90d 抗压、抗折强度较基准试件分别提高 9.59%、12.5%；再生复合微粉的掺入改善了砂浆的微观形貌结构，使得水泥水化产物数量增多，且各种水化产物互相搭接形成网状结构，内部结构较为致密，特征峰高度及面积明显提高，Ca/Si 随着再生复合微粉替代量的增加表现为先降低后升高，再生复合微粉活性指数与水灰比呈负相关关系，与龄期表现为正相关关系，在整个水化过程中再生复合微粉主要发挥增强效应、微集料效应、火山灰效应；结合砂浆力学性能试验结果，建立了可综合考虑水灰比、再生复合微粉掺量、龄期影响的砂浆抗压强度预测模型。

② 按照质量比为 3∶2 将建筑固废中废砖与废混凝土配置成混合型再生粗集料，其路用技术性质最佳，而混合型再生粗集料替代石灰岩集料的掺量不宜超过 20%，且砖块在混合型再生集料中的比例不宜超过 60%；结合道路等级和交通荷载等级，在高速公路、一级公路基层中，在中、轻交通条件下砖块在混合型再生粗集料中的比例不得超过 40%，

在重交通条件下不得超过 20%，在特重交通条件下，禁止采用混合型再生粗集料代替天然粗集料。

③ 推导了灰熵关联分析法中分辨系数的计算公式，根据灰熵关联度大小推荐吸水率和压碎值作为混合型再生粗集料分级指标，并将其分为Ⅲ类；结合交通荷载等级和公路等级，通过非线性数据拟合的方法，确定出在相同的交通荷载等级和公路等级下，底基层要求的压碎值和吸水率的区间范围值大于基层，再生混合型粗集料材料压碎值、吸水率在道路工程中的适用范围分别为 32.3%～41.5%和 7.3%～13.7%。

④ 结合正交试验表采用分档掺配的方式，研究了再生复合微粉、再生混合型细集料和再生混合型粗集料对再生复合微粉协同水泥粉煤灰稳定再生碎石混合料路用性能的影响。随着再生复合材料替代量的增加，最佳含水量逐渐增大，最佳干密度逐渐减小，以 90d 再生复合微粉协同水泥粉煤灰稳定再生碎石混合料抗压强度为主要评价指标，综合考虑再生复合微粉协同水泥粉煤灰稳定再生碎石混合料的性能指标，确定再生复合微粉协同水泥粉煤灰稳定再生碎石混合料的最佳方案为：A_2-C_1-B_2，即 RPBCF 掺量为 40%，混合型再生细集料掺量为 20%，混合型再生粗集料掺量为 40%。

⑤ 基于浆体材料，采用整体掺配方式推荐了再生复合微粉协同水泥粉煤灰稳定全再生碎石混合料配合比，提出了基于 90d 龄期的力学强度指标和抗裂性能的综合干缩系数评价指标，建议再生复合微粉协同水泥粉煤灰稳定全再生碎石基层 28d 干缩应变值不大于 284×10^{-6}。力学行为分析显示，基层模量介于 15000～24000MPa 内，基层顶部应力基本不随模量的衰变而发生改变，基层底部应力随基层模量衰变较为敏感，再生复合微粉协同水泥粉煤灰稳定再生碎石基层层底拉应力大致分布在 0.082～0.217MPa。

⑥ 结合 S312 郑州境郑汴交界处改建工程交通量，运用 HPDS2017 提出了四种再生复合微粉协同水泥粉煤灰稳定全再生碎石沥青路面结构；结合室内材料试验，并考虑再生复合微粉协同水泥粉煤灰稳定全再生碎石混合料材料的特性，给出再生复合微粉协同水泥粉煤灰稳定全再生碎石基层劈裂强度范围为 0.16～0.29MPa，7d 无侧限抗压强度范围为 4.50～5.39MPa。

参考文献

［1］ 吴浩.2020 年全省住房城乡建设工作报告.http://hnjs.henan.gov.cn/2020/01-07/1912691.html

［2］ 王栋民,杨德志,陈忠平,等.实施国家战略，开创建筑垃圾再生利用新局面-建筑废渣再生建材发展之一［C］//中国硅酸盐学会，中国矿业大学.第三届中国固废处理与生态材料学术与技术交流会论文集,西安:［出版者不详］,2018:1-4.

［3］ 卢洪波, 廖清泉, 司常钧.建筑垃圾处理与处置［M］.郑州: 河南科学技术出版社, 2016.

［4］ Zhu P, Mao X Q, Qu W J, et al.Investigation of using recycled powder from waste of clay bricks and cement solids in reactive powder concrete［J］.Construction and Building Materials, 2016, 113: 246-254.

［5］ 周长顺, 吉红波, 赵丽颖.再生微粉在水泥基材料中的应用与研究进展［J］.硅酸盐通报, 2019, 38 (8): 2456-2463.

［6］ 田青, 屈孟娇, 张苗, 等.废弃混凝土再生微粉激活方式研究进展［J］.硅酸盐通报, 2020, 39 (8): 2476-2485.

［7］ Xiao J Z, Ma Z M, Sui T B, et al.Mechanical properties of concrete mixed with recycled powder produced from construction and demolition waste［J］. Journal of Cleaner Production, 2018, 188: 720-731.

［8］ 吕雪源.再生微粉的基本性能及应用［D］.青岛: 青岛理工大学, 2009.

［9］ 严金海, 张霖, 孙艺涵.基于化学方法的再生混凝土微粉改性研究［J］.建材世界, 2012, 33 (2): 33-36.

［10］ 刘音, 路畅, 张浩强, 等.建筑垃圾再生微粉胶凝性的实验研究［J］.中国粉体技术, 2015, 21 (5): 33-36.

［11］ 刘栋, 张鹏宇, 刘彤, 等.建筑垃圾中再生微粉材性表征及潜在活性的激发［J］.硅酸盐通报, 2016, 35 (8): 2635-2641.

［12］ 王程.建筑垃圾复合粉体材料在公路半刚性基层材料中的应用研究［D］.西安: 长安大学, 2017.

［13］ 胡魁.建筑垃圾高效分选关键技术及在公路工程中的应用研究［D］.西安: 长安大学, 2017.

［14］ 刘超, 胡天峰, 刘化威, 等.再生复合微粉对混凝土力学性能及微观结构的影响［J］.建筑材料学报, 2021, 24 (4): 726-735.

［15］ 赵磊.建筑垃圾再生微粉基本性能及应用研究［D］.北京: 北京建筑大学, 2019.

［16］ 元成方, 李爽, 曾力, 等.混合再生骨料材料性能试验研究［J］.混凝土, 2018 (3): 98-100.

［17］ 张明明, 王社良, 张世民, 等.砖替率对再生粗骨料的性能影响试验研究［J］.混凝土, 2017 (11): 91-93, 99.

［18］ 肖杰, 吴超凡, 湛哲宏, 等.水泥稳定砖与混凝土再生集料基层的性能研究［J］.中国公路学报, 2017, 30 (2): 25-32.

［19］ 刘超, 余伟航, 刘化威, 等.再生砖骨料混凝土力学性能及破坏机理研究［J］.材料导报, 2021, 35 (13): 13025-13031.

［20］ 蔡旭, 肖天佑, 吴旷怀.混凝土再生集料水泥稳定碎石强度及影响因素研究［J］.中国科技论文, 2018, 13 (1): 56-59.

［21］ 邹桂莲, 刘新海, 周浩浩, 等.水泥粉煤灰稳定再生集料的路用性能研究［J］.中外公路, 2018, 38 (3): 254-258.

［22］ 谭洪河, 蔡旭, 王和林, 等.基于旋转压实的水泥稳定再生集料设计方法［J］.公路交通科技, 2017, 34 (10): 13-18.

［23］ 徐世法, 王荣伟, 高玉梅, 等.水泥再生废旧二灰稳定碎石抗疲劳性能评价［J］.公路, 2019, 64 (10): 24-28.

［24］ 曾梦澜, 田振, 肖杰, 等.含建筑垃圾水稳碎石路面基层材料的使用性能［J］.武汉理工大学学报, 2016, 38 (1): 34-38.

［25］ 陈强.基于旧水泥混凝土再生集料的耐久性半刚性基层性能及设

计参数的应用研究[D].广州: 华南理工大学, 2013.
[26] 李頔, 陈忠达, 任皎龙, 等.基于浆体的水泥粉煤灰稳定碎石力学特性预估[J].广西大学学报 (自然科学版), 2013, 38 (3): 687-695.
[27] 张力.含砖粉碎料水泥稳定再生集料的性能研究[D].长沙: 湖南大学, 2019.
[28] 张铁志.基于架构理论的水泥稳定材料设计及性能预测[D].大连: 大连理工大学, 2019.
[29] 田源, 牛冬瑜.铣刨料掺量及掺配方式对再生水稳碎石路用性能的影响[J].长安大学学报 (自然科学版), 2020, 40 (4): 39-49.
[30] 马在宏, 李豪, 卢勇, 等.水泥就地冷再生基层铣刨料性状特征和级配影响因素研究[J].中外公路, 2018, 38 (2): 263-268.
[31] 李丽慧, 马金柱.含砖再生水泥稳定碎石基层配合比组成设计[J].公路, 2019, 64 (2): 44-48.
[32] Wu H X, Xiao J Z, Liang C F, et al.Properties of cementitious materials with recycled aggregate and powder both from clay brick waste[J].Buildings, 2021, 11 (3): 119.
[33] Ouyang X W, Wang L Q, Fu J Y, et al.Surface properties of clay brick powder and its influence on hydration and strength development of cement paste[J].Construction and Building Materials, 2021, 300: 123958.
[34] 蒲心诚.高强与高性能混凝土火山灰效应的数值分析[J].混凝土, 1998 (6): 13-23.
[35] 庄楚强,何春雄.应用数理统计基础[M].3 版.广州: 华南理工大学出版社, 2006.
[36] 董自修.碱激发制备废弃混凝土地聚物基再生材料[D].大连: 大连理工大学, 2018.
[37] 李述俊, 赵霄龙, 李秋义, 等.再生微粉基本性能及活性试验研究[J].硅酸盐通报, 2019, 38 (10): 3314-3319, 3325.
[38] 刘思峰, 杨应杰.灰色系统理论及其应用[M].8 版.北京: 科学出版社, 2017.
[39] 吕松涛, 王双双, 王盘盘, 等.橡胶-水泥稳定碎石持强增韧特性研究[J].中国公路学报, 2020, 33 (11): 139-147.
[40] 胡力群, 沙爱民.水泥稳定废粘土砖再生集料基层材料性能试验[J].中国公路学报, 2012, 25 (3): 73-79, 86.
[41] 王鹏飞, 郭忠印, 陈崇驹.基于正交法的水泥稳定碎石试验及抗裂性能研究[J].建筑材料学报, 2007, 10 (5): 616-621.
[42] 黄祯敏, 肖敏, 彭波, 等.基于细集料填充系数的水泥稳定碎石性能研究[J].公路, 2017, 62 (3): 29-35.
[43] 付春梅, 齐善忠, 贾春燕.聚酯纤维水泥稳定碎石抗干缩性能研究[J].公路, 2014, 59 (11): 188-193.
[44] 顾万, 肖鹏, 杨宇轩, 等.再生水泥稳定碎石基层材料收缩及疲劳性能试验研究[J].混凝土与水泥制品, 2018 (12): 95-100.
[45] 于蕾.水泥混凝土的微观性能[M].北京: 中国建筑工业出版社, 2017.
[46] 申爱琴, 郭寅川.水泥与水泥混凝土[M].2 版.北京: 人民交通出版社, 2019.
[47] 何小芳, 缪昌文.界面过渡区对水泥基材料氯离子扩散性能的影响研究[J].东南大学学报 (自然科学版), 2009, 39 (增刊 2): 268-273.
[48] Hu G H, Chen X W, Wang X C.Study on the influence of the cement stabilized macadam's gradation to the modulus and strength[J]. Advanced Materials Research, 2014, 1004/1005: 1579-1584.
[49] 沙爱民.半刚性基层的材料特性[J].中国公路学报, 2008, 21 (1): 1-5.
[50] Chen X Q, Yuan J W, Dong Q, et al.Meso-scale cracking behavior

of Cement Treated Base material[J].Construction and Building Materials, 2020, 239: 117823.

[51] 赵晓康, 董侨, 陈雪琴, 等.考虑初始缺陷的水泥基复合材料细观开裂研究[J].中国公路学报, 2020, 33 (10): 230-239.

[52] 吕松涛, 郑健龙, 仲文亮.养生期水泥稳定碎石强度、模量及疲劳损伤特性[J].中国公路学报, 2015, 28 (9): 9-15, 45.

[53] 史志华.临哈线青敖段半刚性基层材料回弹模量演变特性研究[D].西安: 西安建筑科技大学, 2018.

[54] 徐驰.利用再生集料的半刚性基层抗裂性能研究[D].广州: 华南理工大学, 2013.

[55] 邹敢东.玄武岩纤维水泥稳定铣刨料路用性能试验研究[D].淄博: 山东理工大学, 2020.

[56] 程箭, 许志鸿, 李淑明, 等.水泥稳定碎石静态模量与动态模量比较[J].建筑材料学报, 2009, 12 (1): 63-66, 75.

[57] 吕松涛, 陈杰东, 张晖.水泥稳定碎石拉压弯静态模量与动态模量比较分析[J].公路交通科技, 2016, 33 (10): 39-43, 59.

[58] 侯伟.轮载与层间接触状态对沥青路面力学响应的影响[J].重庆交通大学学报 (自然科学版), 2010, 29 (5): 718-721, 731.

[59] 黄晓明.路基路面工程[M].6 版.北京: 人民交通出版社, 2019.

[60] 梅朝.新旧规范中交通荷载分析方法对比分析[J].中外公路, 2019, 39 (1): 291-295.

附录

本研究论文发表情况

序号	论文、论著题目	主要作者	刊物名称、年、卷、期、页 论文集名称、页、出版社	收录情况（SCI、EI、ISTP）	影响因子	发表或出版时间
1	Research on the Properties of Low Temperature and Anti-UV of Asphalt with Nano-ZnO/Nano-TiO_2/Copolymer SBS Composite Modified in High-Altitude Areas	Xie Xiangbing、Hui Tao、Luo Yaofei、Li Han、Li Guanghui	Advances in Materials Science and Engineering,2020. doi:10. 1155/2020/9078731	SCIE	1. 271	2020-4-30
2	Influence of the Mineral Powder Content on the Asphalt Aging Resistance in High-Altitude Areas Based on Indoor Ultraviolet Light Tests	Xie Xiangbing、Li Huixia、Duan Junchao、Li Guanghui	Materials,2020,13(3),754-774	SCIE	3. 057	2020-2-1
3	Research on the influence of Nanocarbon/Copolymer SBS/Rubber Powder Composite Modification on the Properties of Asphalt and Mixtures	Zhao Wenhui、Xie Xiangbing、Li Guanghui	Advances in Materials Science and Engineering,2020. doi:10. 1155/2020/8820202	SCIE	1. 271	2020-12-23
4	Preparation method and performance test of Evotherm pre-wet treatment aluminum hydroxide type warm-mixed flame-retardant asphalt	Wan Zhenmin、Zheng Binguo、Xie Xiangbing、Li Guanghui	Construction and Building Materials, 2020, 262. doi: 10. 1016/j. conbuildmat. 2020. 120618	SCIE	3. 984	2020-11-30

续表

序号	论文、论著题目	主要作者	刊物名称、年、卷、期、页 论文集名称、页、出版社	收录情况（SCI、EI、ISTP）	影响因子	发表或出版时间
5	混合型再生粗集料路用性质评价及其适用范围	谢祥兵、包梦、李晗	第五届全国建筑固废学术交流会暨第九届全国再生混凝土学术交流会学术论文集，2021：73-78，呼和浩特	国内会议	—	2021-7-30
6	纳米 TiO_2 协同纳米 ZnO/SBS 复合改性沥青耐紫外光老化性能评价	谢祥兵、马鹏、梁林园、童申家	硅酸盐通报，2020. 39（07）：2354-2361	中文核心	1. 034	2020-07-15
7	紫外光照下的沥青胶浆材料性能评价	谢祥兵、李广慧、李晗	公路交通科技，2020,37（04）：15-23	CSCD	1. 327	2020-04-15
8	基于动态力学的纳米碳粉-橡胶粉-SBS 改性沥青相态结构分析	王明伟、谢祥兵、李广慧	硅酸盐通报，2021, 40（7）：2444-2453	中文核心	1. 034	2021-05-10
9	基于流变学的纳米改性沥青黏弹特性及相态结构研究	赵文辉、谢祥兵、李广慧	硅酸盐通报，2020, 39（11）：3709-3718	中文核心	1. 034	2020-11-15
10	基于正交灰关联分析的纳米碳粉/橡胶粉复合改性沥青制备工艺试验研究	孟旭、谢祥兵、李广慧	硅酸盐通报，2019, 38（08）：2642-2649	中文核心	1. 034	2019-08-15